Für Helmuth

Dr. Silvia Grubel

Trauerland

und Rückkehr ins Leben

Bibliografische Information Der Deutschen Bibliothek: Die
Deutsche Bibliothek verzeichnet diese Publikation in der
Deutschen Nationalbibliografie; detaillierte bibliografische
Daten sind im Internet über <http://dnb.de> abrufbar.

Herstellung und Verlag: Books on Demand GmbH,
Norderstedt

ISBN-10: 3-8334-6825-4
ISBN-13: 978-3-8334-6825-4

4

INHALTSVERZEICHNIS

VORWORT

Diese Gedichte sind nach dem Tod eines geliebten Menschen in der Trauerzeit entstanden. Sie beinhalten den Verlauf des Denkens und Empfindens bis zur Rückkehr in das eigene, alleinige Leben.

Dieser Gedichtband ist mein Kind,
das ich geboren hab'
im Trauerland,
wo keine Kinder sind.

Es formte sich aus Tränenflut
Gedanken an den Tod.
Und als ich es geboren hab'
schenkte es Lebensmut.

Das Kind ist stark,
gibt seine Kraft
zum Trauer-Überwinden:
Kann anderen Menschen helfen auch,
die sich mit ihm verbünden.

Februar 2006

Kapitel 1

Todes-Erlebnis, Trauer-Arbeit und Einsamkeit

He is gone

Warum - weshalb - wohin?
Sein Geist war stark.
Sein Körper schwach.
Was ist der tiefere Sinn?

Sein starker Geist führt ihn empor
in die Unendlichkeit –
an die er sich bereits verlor
in seiner Lebens Zeit.

Es warten schon die Seelen
auf Deinen starken Geist –
und wollen sich vermählen
zu neuem W e l t e n - S e i n .

Der Grinser

Ich weiß, Du sitzt mir gegenüber,
Gevatter Tod...in einem Menschenkleid,
ich seh' Dich täglich an und spüre
mein Menschen - Herzeleid.

Wir kämpften beide, Dich in Schach zu halten
mit Liebe, Glaube, Hoffnung, Kraft
und ahnen doch, das Leben zu verwalten
liegt nur allein in Deiner Macht.

Du bist nicht gnädig, bist ein Fleisches-Fresser
nagst an den Knochen, grinst uns an!
Was haben wir denn nur verbrochen?
Du Gott verdammter Knochenmann!

Schlaf…

„des Todes kleiner Bruder…"
ach, wie bist Du hold!
Wie sanft legst Du Dich auf des Menschen Augenlider –
so wie er es von Dir gewollt.

Doch dann umfangen mich die weichen Arme
und tragen mich in dunklen Wellen fort.
Wohin? Das wüßt' ich nur zu gerne...
an einen unbekannten Ort.

Doch ganz allein soll ich auch dort nicht bleiben.
Es stellen sich Gefährten ein –
Gefährten aus dem Reich der Träume –
und diese kenn' nur ich allein.

Und jetzt:
„Des Lebens k l e i n e r Bruder"
rufst Du zurück mich an des Lebens Strand!
Ich werde wach, ergreife rasch die Ruder
und reich Dir, L e b e n, meine Hand.

„Trauer – Arbeit"

Der Tod muss raus, aus diesem Haus -
Er hat uns lang genug gequält!
Geh fort - Geh weg - Mach Dich davon…
Jede Minute zählt.

Da stand er, hat sein Netz gewebt
und grinst uns dadurch an -
ob's länger dauert - schneller geht -
Was hindert ihn daran?

Wenn's länger geht, macht er sich Spaß,
kriecht in die Schränke, Truhen -
Die langen Knochenfinger streichen
über das Bett, in dem wir ruhen.

Auch Deine Tage sind gezählt...
bei u n s Du Knochenmann!
Hier ist jetzt Schluss -
ich schmeiß' Dich raus
so weit ich schmeißen kann.

Der Preis

He is gone - forever –
Ganz ohne Wiederkehr.
Er schickte keine *message*,
so blieb mein Herze leer!

Doch bin ich nicht alleine,
es steigen tröstend auf
die treuen Elternbilder
in meinem Lebenslauf.

Der Schwerpunkt eines Lebens
kann sein die Partnerschaft –
Du hoffst darauf vergebens.
Es zählt, was D u gemacht.

Es zählen Deine Taten
von Kindheit bis zum Greis,
die Du getan, gelebt hast!
D a f ü r gibt es den Preis.

Den Preis für guten Willen
und für Verlässlichkeit,
den Preis für stete Hoffnung
und lebenslangen Fleiß.

Den Preis für festen Glauben
an Deinen Lebenssinn.
Niemand kann ihn Dir rauben,
gib Dich ihm treulich hin.

Was ist der P r e i s? Du weißt nicht,
ob ihn der Himmel gibt.
Er wächst mit Deinem Leben
und zeigt, Du wirst geliebt.

Geliebt nicht nur von Menschen,
von Gott und der Natur.
Auch D u liebst Dich als Ganzes
und zeichnest Deine Spur.

Die Spur des kurzen Lebens,
die Gott für Dich gedacht.
Du hast Dich ihm ergeben
bis hin zur letzten Nacht.

Es ist der Preis der E i n s i c h t
in die Vergänglichkeit,
mit der wir leben müssen
in unserer Lebenszeit.

Trauerland

Der Sog des Todes ist sehr groß
für die, die zurückbleiben.
Sie kommen von dem Sog nicht los
und müssen trauernd leiden.

Er dringt in die Gedanken ein
und stiehlt die Lebenskraft,
die wieder sich entwickeln will –
nutzt sie für seine Macht.

Es ist ein intensiver Kampf,
die Ablösung von ihm,
der uns so viel genommen hat
und doch nicht gehen will.

So hinterlässt er seine Spur,
dass man ihn fürchten muss
und auch nicht mehr vergessen kann
den eigenen Todeskuss.

Dann setzen wir die „ratio" ein,
verbinden „Anfang – Ende",
was mathematisch „Strecke" heißt –
auch unsere „Strecke" geht zu Ende.

Tod - mathematisch unlösbar
setzt sich unteilbar fort!
Die kalkulierte Annahme:
Die „Prim-Zahl" ist der Tod.

Erfahrung mit den X-Ray-Strahlen

Der Strahlen Name ist das X deshalb,
weil man sie nicht beweisen kann.
Denn wissenschaftlich gibt's sie nicht -
und kommen dennoch -
im Traum beim Menschen an.

Sie sind nicht wirr - beziehen sich
auf Fakten, die in der Seele ruh'n.
Oder auf schmerzvolles Erleben -
mit dem wir haben es zu tun.

Mein lieber toter Mann, er ist zurückgekommen,
als sprechend Bild in meiner Seele Hort.
Da kann er mit mir weiterleben.
Unser gemeinsam' Leben setzt sich fort.

Und meine liebe tote Mutter,
sie kam als Bild zurück in Träumen oft,
um mir zu helfen und mir beizustehen
und mir zu sagen: „Sieh - da bin ich doch!"

Nun sind sie wieder bei mir, meine Liebsten-
begleiten mich bis hin zum Schluss.
Es ist für uns ganz selbstverständlich,
dass jeder einmal gehen muss.

Diese Erlebnisse sind wahr - wenn auch im Traume,
der doch die Seelensprache ist.
Nur sie allein kommuniziert mit Toten!
Erstaunlich - wenn man das vergisst.

Mein Herz ist nun erfüllt mit Ruhe,
Kontakten und Zufriedenheit.
Bin nicht allein, und leb' mit meinen Liebsten
in meiner letzten Lebenszeit.

Die wache Nacht

Die wache Nacht…
stellt Leben stark in Frage.
Die Lebenskräfte sind nicht in Funktion.
Sind abgeglitten in des Dunkels Schächte.
Verharren dort.

Der Schlaf ist fern…
Obwohl der Körper müde.
Nur das Gehirn ist wach.
Es rankt sich um Gedenk-Gefilde…
Die gibt es nicht bei Tag.

Die samtene Stille…
Dich mit Macht umschließt.
Lähmt den aktiven Willen.
Doch ins Gehirn ergießt
sich eine Urne voller Fragen,
die selbst der Tod nicht löst.

Du unterwirfst Dich - lässt es zu.
Du bist im „Nirgendwo" ein „Nirgendwer",
der einzig sinnend denken kann -
und nicht viel mehr.

Die Nacht steht still…
Sie nimmt Dich auf und nimmt Dir Deine Schwere.
Selbst die Gedanken lösen auf.
Wie tröstend ist die Leere.

Leere ist eine „Nicht-Substanz",
die leicht und luftig fließt.
In Dich hinein und Dich umgibt
wie marmornes Gestein,
Du bist jetzt körperlos - wie Schatten an der Wand -
Und immer mehr verblasst…
der sinnende Gedanken-Gang.

Der Todes-Traum

So soll es sein...
Der letzte Lebenshauch entwich,
und meine Seele schwebt empor
entgegen einem leuchtend Licht.

Und n u n erfüllt sich, was ich träumte,
in letzter Lebenszeit...
zwei liebste Menschen stehen, mich
zu empfangen, dort schon bereit.

Die liebste Mutter,
die mir einst das Leben gab.
Der liebste Lebenspartner,
der vor mir abgerufen ward.
Und ihre Traumes-Worte waren:
„Bald bist auch Du wieder bei uns."

I c h bringe mit hinauf die lieben Bilder,
die ich von Euch in meinem Leben fand.
Da steht Ihr lächelnd an der Pforte
und nehmt mich bei der Hand.

Dies ist m e i n Todes-Traum...
bei dem ich weine...
auch voller Hoffnung -
still...

Denn n a c h dem Leben -
dessen bin ich sicher -
ist es genau das -
was ich will.

Die Lebens-Liebes-Bande
sie dauern ewiglich…
das fühle ich im Herzen
und bin dessen gewiss.

Die Lebens-Liebes-K r ä f t e,
gehen in die Ewigkeit…
Wollen sich erneut beseelen
in Form von Menschlichkeit!

So lebe Deinen „Todes-Traum"
in dem beschriebenen Sinn –
Was immer er bedeuten mag…
Das Leben geht dahin.

Der schlaue Tod

Du schlauer Tod!
Ich schmiss Dich raus.
Jetzt kommst Du angeschlichen.
Denkst Dir 'ne neue Finte aus,
damit's uns "besser" geht.

Hängst Du uns um,
damit wir stündlich an Dich denken.
die „Todeskette" um den Hals.
So kann uns jeder finden
im Falle eines Falls.

Jetzt hast Du uns im „Neuen Netz" gefangen,
schläfst mit in unserem Bett
und grinst Dich krumm…
Webst täglich an unserem Verlangen…
Ach, wenn's doch endlich mal zu Ende ist.

I c h schmeiße Dich aufs Neue raus!
Nicht Du bestimmst per Knopfdruck meine Frist.
Ich such's mir selber aus
und überliste Dich.

Denn Gott ist mein Vertrauter,
der lebenslang mir hilft.
In seine Hände leg' ich meine letzte Stunde,
wie er es will.

Letzte Sorge

Der Mensch sorgt vor.
Für alle Lebenslagen
hat er einen Plan.
Stets griffbereit -
er fühlt sich sicher,
zumindest von heut auf morgen.
Gedanklich eingeteilt
ist seine Lebenszeit.

Der Angebote gibt es viele,
er nutzt sie - falls er kann -
fast alle aus.
Der Wunschvorstellungen sind viele -
Was komm zum Schluss dabei heraus?

Entweder bleibt er lange frisch und munter,
bis die Maschine abgenutzt –
Oder er fällt versehentlich die Treppe runter.
Dann ist auf diese Weise Schluss.

Der Wunschtraum aller Möglichkeiten:
Er wacht am nächsten Morgen einfach nicht mehr auf.
Zwei Engel haben ihn begleitet
zum Himmel rauf.

Das Alter ist ja keine Krankheit -
ist ein natürlicher Prozess
und allen Menschen zugedacht -
daran halten wir uns fest.

Wer kann für was und wann
und wo und wie vorsorgen?
Man bleibe, wo man ist
und fühle weiter sich geborgen.

Im Leben gab's der Sorgen schon genug -
soll man im Alter noch bemühter sorgen?
Und Reinfallen auf der Angebote Lug und Trug -
Wenn's nötig wird
von heute bis auf morgen?

Als Hilfe hätte ich ein Denkgeschenk:
Erstens kommt es anders,
und zweitens als man denkt;
drittens: Der Mensch denkt
und Gott lenkt.

Kapitel 2

Das eigene Leben

Hymne an die Lebensfreude

Der Vater stammt aus Pommern,
die Mutter aus Berlin,
die Oma aus dem Rheinland,
Ur-Oma aus Italie.

Und was steckt drin von Allen
in mir, der Enkelin?
Aus Süden, Westen, Osten,
da ist ja alles drin.

Kann denken wie ein Preuße –
empfinden wie am Rhein –
und italienisch lieben
die Kunst, Musik und Wein.

Denn dieses Lebens Schönheit
wurde mir offenbar,
von Kindheit an bis heute
im blonden Silberhaar.

Und meine Sinne schwelgen
noch in Vergangenheit,
mit ihrer reichen Fülle
zu jeder Jahreszeit.

Des hohen Alters Muße
macht die Erinnerung auf:
da lagern sich die Bilder –
gut aufbewahrt - zu Hauf.

So bunt - und sehr verschieden
aus England, Holland, Belgien,
Frankreich, Italien und den USA…
Man muss sie alle lieben!
Wie schön das Leben war!

Wörtersack

Ein hohes Lebensalter macht uns reich,
Berufs- und Lebenskämpfe sind verblasst.
Aus der Erinnerung steigen auf
die Bilder der Vergangenheit.

Das E l t e r n b i l d mit Freud und Sorgen um ihr Kind -
V e r w a n d t e, die zu Gast im Hause sind
An E n g e l, die des Nachts das Kinderbett behüten.
An G o t t, der Alles weiß und sieht
und Böses muss verbieten.

An P u p p e n k i n d e r, die schon morgens lachten
und immer schöne Spiele mit uns machten.
Die helle Stimme meiner lieben M a m m,
die so viel Fröhlichkeit verschenkt,
bevor der Tag begann.

Die ernste Miene meines strengen V a t e r s,
der pflichtgetreu dem Kaiser dient:
„Ich stehe hier und kann nicht anders", sagt er -
Ein Motto, das nur Martin Luther ziemt.

Wie ich begann, die U m w e l t zu entdecken,
die riesengroß und unverständlich war -
und heimlich mich in Ecken zu verstecken,
um leis' zu lauschen, was sonst nicht zu hören war.

Und dann entdeckt' ich meine schnellen B e i n e
und rannte flink von allen anderen fort –
dann war ich endlich mal alleine
an einem unbekannten Ort.

Da war ich eine Königin - ein Ritter –
in einer Burg, die keiner kennt!
Egal - ich kriege später meine Strafe,
die ziemlich auf dem Podex brennt.

Doch in der S c h u l e gab es zu entdecken
das W o r t aus Buchstaben gereiht.
Es wird g e s c h r i e b e n, und nicht nur gesprochen –
es lebt mit uns in unserer Lebenszeit!

So aß ich mich an schönen Wörtern satt,
genoss sie und bewahrte sie
in meinem großen Wörtersack.

Das Wort, es lebt in Mündern, Büchern, Reimen,
verfolgt uns gern bis in den Schlaf
und hüpft dann rüber in die Träume –
und gibt - nicht - nach.

Conclusion:
In Deinem alten Kopf, mein Lieber,
gibt's einen Sack, mit Wörtern voll,
die noch lebendig sind und warten,
dass man sie neu benutzen soll.

Vorbei wär' dann das Wortgeklingel,
das fremd in unsere Ohren dringt.
Wir hätten wieder eine Deutsche Sprache,
die mit vertrauten Wörtern klingt!

Späte Knospen
(C'est moi)

Es sprießen neue Knospen
aus einem alten Stamm.
Sie ruhten im Verborgenen
ein ganzes Leben lang.

Sie öffnen sich mit Muße,
nun ist es an der Zeit,
mit Blätterpracht zu wachsen
bis hin zum Blütenkleid.

Sie sind in Form verschieden
und sind nicht alle gleich.
Der Stamm hat sie gebildet
mit Nährstoffen so reich.

Die Blüten halten lange
an ihrem Stammesort.
Denn nur ein sanfter Windstoß
trägt sie zum Himmel fort.

Summa cum Laude

Es war der Traum der Jugendzeit
- summa cum laude -
Es war Erfolg der Studienzeit
- summa cum laude -
Es war die Ehe - Partnerschaft
- summa cum laude -
Es war Erfolg der Tätigkeit
- summa cum laude -

Da sitzt Du nun im Alterskleid
mit allen Prädikaten
und blickst zurück auf diese Zeit -
Ist sie Dir gut geraten?

Wer weiß das schon - sie ist vorbei -
so schnell und ohne Mahnung;
dass alles schnell zu Ende geht.
Man hatte keine Ahnung.

Ganz plötzlich bricht dann alles ein
in immer kürzeren Zeiten, die früher länger dauerten –
man konnt' sich vorbereiten.

Das V o r b e r e i t e n ist vorbei!
Jetzt muss man N a c h b e r e i t e n !
Zu zählen auf dein Lebens-Tun
in Deinen Lebenszeiten.

Das Prädikat kommt nun von Gott!
Mit dessen eigenen Maßen.
Ich stimm' ihm zu, vertrauensvoll,
E R hat mich nie verlassen.

Das Noten-Netz

In meinem Netz aus Seiden-Filigran
da sind sie aufbewahrt,
die vielen tausend
feinen - zarten Noten.

Von meinem Ohr gefangen
und von der Luft bewegt
sind sie ein Leben lang
nicht von mir fortgegangen.

Sie tönten schon aus meinem Mund
von ganz allein in Kinderzeiten.
Und Mutters Stimme mit im Bund -
so konnt' sie mich begleiten.

Sie schlüpften dann in meine Hand
und wollten laut ertönen.
Das nahmen meine Ohren auf
und wollten sie stets hören.

Und auch die Augen wollten dann
die schönen Töne sehen.
Ich spielte a b sie von Papier -
die Noten blieben stehen.

Welch' großes Glück - nun hab' ich sie
im Netz und auf Papier
von Kindheit an und lebenslang
und danke Gott dafür!

Conclusion:
Musik ist eine Himmelsgabe
für Menschen - Ohren - Augen
- Mund und - Hand.

Mensch - werde wesentlich

Mensch werde wesentlich!
Denn wenn die Zeit vergeht,
dann fällt der Zufall weg.
Das Wesen, das besteht

Es ruhte noch verborgen
in meinem Ahnen-Blut,
das sie mir weitergaben
für mich, als höchstes Gut.

Nun öffnen sich die Schranken,
mein Wesen tritt hervor:
kristallklare G e d a n k e n
empfangen jetzt mein Ohr.

Sie sind im Satz gebunden
und dringen lautlos ein.
In Andacht still empfunden
tief in mein Herz hinein.

Sie werden mir gegeben
nach langer Lebenszeit.
Jetzt kann ich sie erkennen
und bin für sie bereit.

Des „Zufalls-Last" im Leben
ist nun Vergangenheit.
Das „Wesentliche Wissen"
in Gegenwart befreit.

Freundschaft ist fast wie Liebschaft

…aber Liebschaft ist sie nicht.
Da gibt es eine Grenze -
ein Jeder bleibt so, wie er ist.

Nicht Anpassung, nicht Unterwerfung,
nicht Selbstaufgabe bis zum Tod -
Freundschaften bringen sie in Not.

Die zwei diversen EGOS einer Freundschaft
bewirken Attraktion -
Ein jeder schätzt am anderen
das, was er selbst nicht hat.

Im Gegensatz zum Matrimonium
erhält ein Freund des anderen Eigen-Ich.
So wird die Freundschaft nicht alltäglich -
Gewinnt noch an Gewicht.

Ein jeder will ihn haben…
den allerbesten Freund.
Sowohl der Mann als auch das Mädchen -
In diesem Wunsch sind sie vereint.

Die Ehefrau die „beste Freundin",
der Ehemann den „guten Freund".
Sonst würde etwas fehlen
in ihrer „Ehe-Zweisamkeit".

Sie sind vergleichbar auch empfindlich:
Wer die Gesetze bricht…
kann dann nicht länger Freund sein -
Die Formeln stimmen nicht.

Was ist denn nun die Freundschaft?
Sie heißt Verlässlichkeit -
Ein Freund hilft stets dem anderen
treu in Beständigkeit.

Da gibt es auch ein „böses" Wort:
Zum Selbstzweck ihn zu binden...
Denn gibst Du Hilfe immerfort...
Er kann sie nie mehr kündigen.

Freundschaft – For Old Times' Sake
Für Almut

Ein halb' Jahrhundert dauert sie,
die Freundschaft zwischen beiden.
Sie trafen sich per Zufall nur
und konnten sich gleich leiden.

Kommilitonen waren sie
in Studienzeit gemeinsam.
Arbeiteten gern im Institut
und fühlten sich nie einsam.

Der lange Weg mit hohem Ziel
war dann erreicht von beiden -
Professor hier - und Doktor da –
zum „Akademisch-Bleiben".

Die Ehemänner folgten dann
der Komplettierung beider.
Bei einer gab es Kinder noch.
Nun ging die Freundschaft weiter.

Der Tod nahm beide Männer mit
und ließ zurück die Frauen,
die weiter in Verbundenheit
um ihre Liebsten trauern.

Ein großes Gut die Freundschaft ist,
die lebenslang besteht
und ständig sich erneuern kann
auf diesem langen Weg.

The Things You Do
Für Edla

Du willst das tun, was richtig ist:
Du musst das tun, was wichtig ist.
Du darfst nichts tun, was nichtig ist.

Das Richtig-Tun ist Dir bekannt.
Das Wichtig-Tun wird Dir benannt.
Dem Nichtig-Tun bist Du verwandt.

Was gibt Dir die Entscheidungskraft
zu tun, was Du zu machen hast –
wenn man Dir sagt, was Du nicht willst,
wenn man verlangt, was Du nicht fühlst?

Halte Dir fest die Ohren zu,
dann kommst Du innerlich zur Ruh',
und öffne Deine Augen weit,
und lass Dir Überlegungszeit.

Herz und Verstand beraten Dich
zu tun, was für D i c h wichtig ist.

Linus

Ich habe jetzt ein Patenkind
das ist aus Fleisch und Blut,
was wunderbar und herrlich ist.
Es tut dem Herzen gut.

Es ist gebor'n aus Almuts Stamm
und dem vom Ehemann.
Der Enkel, der gesprossen ist,
wird ein G r a b o l l e - Mann!

Der Vater Thomas gab dem Sohn
den Namen L i n u s schon,
der vornehm und lateinisch ist:
Die Mama stimmte zu.

Der Linus musikalisch ist,
singt, springt und tanzt herum;
das freut uns sehr, wir schauen zu,
ihm fehlt ein Xylophon.

Ein Xylophon, das hat er jetzt,
das er geschickt benutzt.
„Glissando" er am liebsten spielt,
das macht ihm große Lust.

Noch lebt er in der Kinderzeit,
der Welt der Phantasie.
Die geistige Schulung folgt sodann,
es geht nicht ohne sie.

Er wächst heran und bald beginnt
erzieherische Macht –
Das alles schafft der Linus leicht,
das wäre doch gelacht!

Mein Patenkind der Igel-Fisch

Ich habe jetzt ein Patenkind
ganz wunderschön und zart,
macht fortwährend sein München auf
und spricht auf seine Art.

Es hat so liebe Äugelein,
die groß und wachsam sind,
die ringsherum sehr gerne schau'n -
ganz so wie Kinder sind.

Es ist auch gar nicht wasserscheu,
ist meist am liebsten drin.
Strampelt mal links, mal rechts herum
und guckt genauestens hin.

Kann ganz alleine schwimmen schon,
braucht Hilfe nicht von Hand.
Stößt sich nicht einmal an den Kopf
im Schwimmbecken am Rand.

So sportlich schon in Kinderzeit,
da wird doch mal was draus:
Schwimm-Meisterin im Jugendsport -
sticht alle anderen aus.

Erz-Engel Michael

Du kamst als Englein „Micki" runter
in eine Mädchen-Schar –
die länger schon hier unten
und auch schon größer war.

Du dachtest Dir - Ach, lieber Gott –
da bleib ich lieber klein –
hab' ohnehin zu sagen nix –
fangen gleich an zu schreien.

Du spieltest 'rum ganz lustiglich
mit Schlägern und mit Ball.
Die Schule, die gefiel Dir nicht –
machst lieber mal Krawall.

Doch plötzlich staunten alle sehr –
Du wurdest immer länger.
An Kopf und Armen, Bauch und Fuß
und ebenso an Fingern.

Nun guckten Dich auch Mädchen an
und sagten: „Große Klasse!"
Die Mama klebte an Dir dran:
„Er muss das Abi schaffe!"

Es hat geklappt - und nun ging's los:
Er kriegt die Arbeitswut.
Er schleppte Kisten, Kästen, Flaschen,
kriegt Euros für sein Brot.

Was ist denn nur mit ihm geschehen?
Wenn wir das doch bloß wüssten!
Und nun ist Schluss - da wollen ihn gleich
z w e i Hochschulen begrüßen!

Er guckt uns an - und sagt ganz ernst:
„Jetzt will ich es Euch sagen…
Ich bin der "Erz-Engel" Michael…
Werd' Schwert und Rüstung tragen!"

Die Anspruchshaltung

Dir wird gegeben - lebenslang -
die mütterliche Nahrung baut Dich auf;
und die Natur -
gibt ihre Nahrungsfrüchte für Dich her.

Man gibt Gedanken Dir und Worte,
mit denen Du Dich äußern kannst.
Man gibt Dir Kraft und gibt Dir Stärke,
damit Gefahr Du von Dir wenden kannst.

Man gibt Dir ideelle Werte,
an denen Du Dich ranken kannst,
die Hoffnung auf Erfüllung bringen können,
die Du erwartest – lebenslang.

Du siehst, so wird Dir stets gegeben
zum Wachsen, Denken, Handeln, Tun.
Zum Aufbau Deines eigenen Lebens!
Und was gibst Du?...

Das A n s p r u c h s d e n k e n wurde Deine Sprache,
die laut und grell an Aug' und Ohren schrillt:
„Es ist doch alles selbstverständlich,
dass man erfüllt, was ich gewillt!"

Was Gott und die Natur Dir hat gegeben,
Du hast es nicht bedacht.
Die klaren Augen bleiben Dir verschlossen!
In Deinem Hirn ist Nacht!

Geistige Nahrung

"Körper-Seelen-Geistes-Nahrung".
Was soll das denn sein?
Man stopft doch seit der Kinderzeit
schon alles in uns rein!

Nicht freiwillig und selbst gewählt,
das war ja noch nicht dran!
Man stopft zunächst in sich hinein,
das, was man kriegen kann.

Wer Glück hat, der entwickelt selbst
die eigenen Gelüste.
Nur - dazu man viel Zeit gebraucht –
obwohl man's besser wüsste.

Einfach die K ö r p e r-Nahrung ist,
da hat man „Lieblings-Speisen".
Schwieriger für die S e e l e ist's,
der muss man's erst beweisen.

Die „G e i s t e s-Nahrung" - liebe Zeit -
was mag denn das wohl sein?
Und wenn ich sie gefunden hätt'
- wo steck ich sie dann rein?

Der Fehler meines Denkens ist,
Gefäße braucht man dafür nicht.
Kommen nirgends rein -
Kommen nirgends raus -
Das ist der „Geistes-Nahrung" Brauch.

Das heißt, beide sind unsichtbar
beim Essen und Verdauen.
Wo man sie vielleicht finden kann?
Du musst nach P r o m o v i e r t e n schauen!

Da sind die Zwei (Seele und Geist) am liebsten drin,
ganz ordentlich akademisch.
Werden ernährt und nähren sich
von Kritik und Polemik.

Doch wenn Dir das zu schwierig ist…
dann denk nicht mehr daran…
Nimm Platz vor Deiner Mattscheibe
…das Fußball-Spiel fängt an!

Luxus individuellen Denkens

Es ist die Wurzel, aus der wächst
der neue Denkanstoß, gleich welcher Art er ist.
Den es nicht gab, bevor Du warst
zu dieser Zeit - Individualist!

Doch nur aus diesem neuen Denken
formt sich ein "Schwergewicht".
Es lässt sich nicht verbieten noch verschenken -
weil es Dein geistig Neuland ist.

Das gilt für alle geistigen und musischen Bereiche,
Wissenschaft und Politik.
Die Einsamkeit des Denkers ist vermeintlich…
Erforderlich für die Struktur,
da die Gedanken-Emsigkeit beträchtlich ist -
formt sich im Stillen nur.

Er meidet o d e r schätzt Geschrei der Menge -
Hass und Zerstörungswut -
Treibt ihn die so genannte Freundschaft in die Enge,
sucht er die Lösung, findet neuen Mut.

Entscheidung - Sicherheit - das heißt:
„Sich selber sicher sein"
ist ein erstrebenswertes Gut.
Will geistig gepflegt, gewartet sein,
erfordert Leidenschaft und Mut.

Der Luxus individuellen Denkens
sind Unabhängigkeit und Wahlfreiheit
bezüglich Menschen und Interessen,
die selbst bestimmte Einstellung zur Zeit.

Warum es „geistiger" Luxus sei,
ist rational zu klären:
Die eigenen Gedanken - nicht versklavt -
sind frei, um alles abzuwehren.

El Dorado

Das erhoffte, das erwünschte EL-DORADO-Haus…
erträumte ich mir lebenslang,
und so sah es dann aus:

Am Fuße eines Berges Hangs
schau ich auf einen Fluss.
Gegenüber steigt ein Wald empor
und Sonne zum Morgengruß.

Wildtiere stimmen laut mit ein.
Die Frösche quaken, Enten schnattern,
Wildvögel singen froh ihr Lied.
Die Krähen fallen kreischend ein.
Im Garten eine Vielfalt blüht!

Die Rose ist die Königin.
Das Eichhorn läuft am Baumstamm rum.
Die Taube schwirrt und girrt.

Im Waldboden ist auch viel los -
Das rote Mäuschen huscht…
Die Schnecke kriecht mit ihrem Haus…
die Würmchen kriechen raus.

Falls dieses Wunschbild Wahrheit ist
und es das Traumhaus gibt –
dann hab' ich dieses Leben selbst –
nicht nur im Traum geliebt.

Die Röslein-Hecke

Wenn Du einmal ein Dichter wirst,
- Du kannst ja nichts dafür -
dann stehen des Morgens und des Nachts
Gedichte vor der Tür.

Da hilft auch nicht die größte List,
woll'n in den Kopf hinein,
wofür er da ist - wie man weiß -
und nett behandelt sein.

Und weil Du Dich nicht wehren kannst
- es kriecht auch durch die Tür -
beginnt von neuem nun der Tanz...
holst Bleistift und Papier.

Und wenn es dann geschrieben ist
und raus aus Deinem Sinn -
belebt ein Lächeln Dein Gesicht -
Du legst Dich friedlich hin.

Dein Leben streng verlaufen ist -
POETA war nicht drin!
Nun schickt der Himmel Röslein Dir...
Ein jedes ein G e d i c h t!

Die „Röslein-Hecke" ist sehr dicht
geworden mit Papier.
Den schönen Duft hat Gott gemacht –
will damit helfen Dir!

Die wundersamen X-Ray-Strahlen

…sie brauchen lange Zeit
und kommen her
aus einer weit-entfernten Dimension.

Die X-Ray-Strahlen…
sie sind unsichtbar und physikal
und brauchen einen Mittler,
der sie empfangen kann und sie benennen.

Des Menschen S c h l a f kann sein der Mittler,
der ihm die Botschaft bringt;
des Menschen T r a u m kann sein der Mittler,
der ihm die Bilder bringt.

Denn nur in Bildersprache
versteht der Mensch den Sinn,
der mit den X-Ray-Strahlen
gesandt wird hin zu ihm.

Was wollen sie Dir sagen?
Weshalb sind sie gesandt?
Danach musst Du n i c h t fragen -
E m p f a n g e - wenn Du kannst!

C o n c l u s i o n:
Botschaft und Bild empfangen :
„Meine prachtvolle Frau".

Kapitel 3

Gott und der Mensch

Gebet

Gütiger Gott,
ich danke Dir,
dass Du mir
die Gedanken gibst;
als Fürsprecher
für die Natur,
die Du in ihrer Art
geschaffen hast für uns
auf Erden, Wasser,
Wald und Flur.

Zweifel

Was ist groß und was ist klein -
was kann gut was böse sein?
Was ist Schlaf und was ist Not, -
was ist Leben, was ist Tod?

Alles wabert um Dich rum.
Ach, wie ist der Mensch so dumm.
Schlitzt in Worte alles auf
für den kurzen Lebenslauf.

Was D u siehst, lass es herein!
Hüte es im Seelenschrein!
Dort formt sich des Lebens Sinn,
den D u suchst - sieh dort nur hin!

Die Abrechnung

Du Kirche - Du!

Du hast mich stets geführt
seit Kinderzeit im Elternhaus,
und dann hinaus in Wald und Flur
erlebte ich des Schöpfers Willen in Natur.

Mit dieser Botschaft im Gemüt
musst' ich hinaus in diese harte Welt,
die so verschieden war vom Kirchgesang und vom Gebet,
die üblich war'n im Elternhaus.

Krieg und Zerstörung rissen um
den letzten Pfosten, der mich noch mit Dir verband
und meine Wege führten mich nach Süden und nach Osten
in ein ganz anderes Kirchenland.

Dort wird gesungen und gebetet,
gefeiert Gott und der Apostel Schar
mit einer Inbrunst und Verzückung,
die bei Dir, der bekannten Kirche,
noch niemals zu erfahren war.

Du Kirche, gibst dem Mund kein Himmelsbrot,
dem Auge keinen Himmelsschein;
selbst Engel gibt es nicht zu sehen,
des Künstlers Bildersprache lässt Du nicht herein.

Du willst die schmalen, spitzen Kirchen,
nicht runde Dome in gewaltiger Pracht.
Du schätzt am meisten die Askese,
die meinem Herzen nichts gebracht.

Wenn Gott uns Freuden gab
für Augen, Ohr und Mund
zu fühlen und auch anzusehen,
dann kenn' ich keinen Grund,
mit Sünden viel beladen durch dieses Leben gehen.

Stets n e u Vergebung zu erhalten,
macht mich von Sünden rein.
Nach menschlicher „Erschöpfung"
das Leben neu zu wagen,
das macht den Menschen frei.

Nach strengem Kirchenglauben
und ihren zehn Geboten
sucht heut der Mensch nach Quellen
im archaischen Bereich zu loten.
Denn schon sehr früh begann der Anthropos zu sinnen,
dass außer ihm noch andere Götter seien zu finden.

Bürokratie - Juristik -
die Politik und auch der Stress
machen den Menschen krank!
Durch neue Lust zu Glaubensquellen
an Lebenssinn und Gott
gibt's einen neuen Anfang!
Der Anfang war das W o r t?

Lass mich herein

Sperr' ihn nicht aus!
Lass ihn herein…
Er will auch weiter
bei Dir sein.

Sein Geist ist frei!
Er sucht den Ort,
der ihm gegeben war
zur letzten Lebenszeit.

Er fühlt Dein Leid,
will helfen Dir;
steht immer wartend
vor der Tür.

„Mach mir doch auf –
lass mich hinein,
dann kann ich immer
bei Dir sein".

„Wenn es Dich ängstigt,
sag ich Dir:
Bald bist auch Du
wieder b e i m i r!"

CREDO

Heiliger Geist - zur Pfingsten-Zeit
kehr bei uns ein -
Wir sind bereit,
Dich zu empfangen - jeder Zeit.

Wir danken Deiner Schöpferkraft,
die diese Welt und uns gemacht.
Wir lieben und verehren Dich,
empfinden Dich - tagtäglich.

Die Lebenskraft kommt nur von Dir -
Dringt in uns ein
und bringt hierfür
den tief empfundenen Lebenssinn.

Wir geben uns mit Freuden hin
der uns bemessenen Lebenszeit
und wissen, dass Du bei uns bleibst
in Leben, Tod und Ewigkeit.

A M E N

Dankgebet

Du heiliger Geist,
Du bist mein Gott.
Hast mich bewahrt
vor aller Not.

Hast mich beschützt
und auch bewacht;
Du nimmst mich auf
in letzter Nacht.

Und meine Seele strebt zu Dir,
denn Du hast sie gegeben mir.
Nimm sie zurück und gib ihr Sinn
zum N E U-B E G I N N.

Amen

Materie

Du überlebst, Materie
in Krume, Sand und Stein.
Formst immer neu die Erde
und kannst nicht müßig sein.

Brauchst dazu die Gewalten
von Windsturm, Sonne, Flut.
Verwesung Dich erhalten muss;
das ist ihr Zweck.
Doch wozu gut?

Verwesung überleben,
ist der Materie Sinn,
der Sinn ist mitgegeben.
Was ist des Menschen Sinn?

Der Bildhauer
Wie wir wurden, was wir sind.

Bildhauer -„Leben"
formst zunächst weich,
dann fester, dann härter
mit Sprüngen und Rissen,
mit Neu-Form und End-Form.

Dein Stoff ist Materie,
Materie und Leben.
Du hauchst es hinein mit Zartheit und Anmut,
mit Kraft und Gewalt.

Formst viele Gebilde
im Himmel, auf Erden,
in Wasser und Luft.
Doch was bleibt erhalten,
Bildhauer-„Leben"?
- Dein ewiger Sinn, neu zu gestalten.

Der Menschenmacher

Wir teilen gerne Tag und Nacht
in 24 Stunden…
So hat es auch der Mann gemacht,
der dieses hat erfunden.

Die Schöpfung „Welt" beginnt mit „Null"
auf unserem Planeten,
der noch kein bisschen „menschlich" war -
begleitet von Kometen.

Die Stundenuhr zeigt alles an,
was dann geschah auf Erden,
und „K r a c h" entzwei - der Globus brach,
die Kontinente werden.

Um mittags 12 fängt's zu sprießen an
im Wasser und auf Erden;
was „Menschlein" noch nicht sehen kann -
Er muss ja erst noch werden.

Zuvor gibt's noch viel Krabbeltier
auf Boden und im Wasser!
Inzwischen ist es schon halb vier -
Dann fliegt es in der Luft herum,
und alles wird viel krasser.

Aus kleinen Zwergen wurden Riesen,
die fraßen alles auf.
Sie hatten kurze Ärmchen nur -
dafür 'nen Riesenbauch.

Da es schon spät war - zwanzig Uhr -
mussten die Riesen weg,
und kleine haarige Mäuslein kamen,
die hatten sich versteckt.

Der Schöpfer runzelte die Stirn…
Ich hab' doch was vergessen?
Die brauchen doch auch ein Gehirn
und nicht nur was zu fressen.

Nun wird gebastelt und geprobt
in hundert tausend Arten -
Er wird von allen sehr gelobt…
Es gab noch viel zu machen.

24 Stunden sind gleich rum…
noch zwei Sekunden bleiben.
Da tritt der H o m i n i d hierfür -
lässt sich nicht mehr vertreiben.

Der Schöpfer hat sein Werk vollbracht
und zieht sich nun zurück.
Soll seh'n, der Mensch, was er draus macht…
Vielleicht hat er viel Glück?

Die Welt gibt's viel zu lange schon…
Jetzt ist es an der Zeit!
Die Menschen werden immer mehr,
doch weniger gescheit!

Jetzt woll'n sie auch noch auf den Mond,
sie kommen nicht sehr weit…
Das ständige Herumprobieren,
das bin ich restlos leid!

Denn was zu groß wird,
das muss weg!
Das gab es schon einmal -
Die Erd' ist nur ein kleiner Fleck
in seinem Welten-All.

Sternenstaub

Wir sind aus Sternenstaub…
Plausibel klingt's und akademisch:
Er fiel hinab auf den Planeten Erde
und brachte alle Elemente mit
für die Entwicklung der Natur.

Jedoch wir wissen nicht,
w o h e r das L e b e n kam.
War es im Sternenstaub, in Elementen schon?
Vorher war es nicht da -
das wissen wir genau.

Um diese angemessene Frage auch zu klären,
macht sich der Mensch unglaublich schlau.
Stellt Optik-Riesen-Instrumente auf gen Himmel
und wartet auf die Antwort: Hallo, Mensch!
Hier bin ich - das weißt Du genau!

Du wähntest meine Existenz schon lange…
die Deine sei doch nicht allein auf dieser Weltenflur;
und nur aus Sternenstaub bestehend,
das ist doch nicht im Sinne der Natur.

Der Mensch sucht nach dem Leben weiter
bis unsere Erde platzt
und bleibt als Sternenstaub am Himmel…
Bis ihn das schwarze Loch erfasst.

Erkenntnis
Entelechie

Im Alter ist die Erntezeit
des Lebens - Acker „Mensch".
Sie hält viel Erntegut bereit,
sofern Du es erkennst.

Aus all dem geistig Handwerkzeug,
das man in Dich gelegt,
das Du benutzt hast, ausgewählt,
wurdest Du „Mensch", der vor Dir steht.

Die Stufen dieses Werdegangs
sind geistig different -
Versuch und Irrtum - lebenslang,
auf dass man sie erkennt.

In der Erkenntnis blüht sie auf
die Lebensfrucht -
so hold, so geistig reich, so liebevoll!
I c h hab' sie so gewollt!

Feuerlilien

In e i n e r Feuerlilie brennt
das Feuer der Erkenntnis
für alles, was noch unsichtbar,
noch nicht gewusst, erfasst ist.
Wo nichts mehr fest zusammenhält,
zerstückelt wird von unserer Welt.

In einer a n d e r n Feuerlilie brennt
das Feuer unseres Augen-Blickes,
um alles anzuschauen und zu erfassen,
was uns die Erde und der Himmel
sowie des Menschen Zutun gibt.

Begreifbare Erkenntnis ihrer Ordnung
sowie die Schönheit der Natur -
dass sie uns Menschen liebt,...
um auszuruhen und festzuhalten,
an dem, was uns die Erde gibt.

Conclusion:
So brennen artengleiche Lilien
mit Feuern grundverschiedener Art:
Dem flüchtend Feuer des Erkenntniswahnsinns -
Dem Feuer der Verhaftung an der Erde Kraft.

Die Weltenbühne

Die Welt…
als Weltenbühne,
sie fließt an uns vorbei
und nimmt uns mit.

Mal spielt man selber eine Rolle,
mal sieht man wartend zu
und glaubt noch
an das Glück.

Der dritten Akte sind zu viele
auf dieser Bühnenwelt -
Sie wiederholen sich im lastend gleichen Stile
ohn' Rücksicht darauf, ob es uns gefällt.

Die Darsteller sind
immer auch die Gleichen,
selbst Rollentausch
macht wenig Sinn.

Die Welt war nicht gedacht als Welten-B ü h n e,
sondern als Hort des Lebens
mit Gesetzen der Natur.
Man sucht sie heute
hoffnungslos vergebens,
sie hinterließen nur
die p l a t t – g e t r e t e n e Spur.

Wortlose Sprache

Wo ist auf Erden
ein sicherer Ort?
In der Natur - sie d a u e r t fort!
Im Einklang mit den Jahreszeiten
kann sie sich d a u e r n d vorbereiten.

Sie trägt in sich
des Schöpfers Willen;
sie lebt in sich in aller Stille
f o r t d a u e r n d in Verlässlichkeit -
in jedem Jahr zur Frucht bereit.

Die Sicherheit im Schöpfungsplan
spricht lautlos jeden Menschen an,
sofern er fühlt, worum es geht –
und lautlos Sprache noch versteht.

Die Sprache, die aus Bildern spricht,
die Sprache, die im Herzen spricht.
Die Sprache, die aus Augen schaut,
der man bedingungslos vertraut.

Der Menschenbaum

Du Mensch, Du bist dem Baum ja so verwandt!
Dem Vorfahr unseres Lebens.
Er streckte seine Wurzeln in den Erdenschlamm,
die Zweige seines Wesens.

Trägt grünes Blatt mit Früchten vielgestalten,
die er der Erde wiedergibt
zu neuem Baum-Erhalten.

Dann erst erkennst Du Mensch
im Herbst das zarte Wesen Baum -
Nackt, fein verästelt streben Zweige
in den Himmelsraum.

Die Zeit

Was ist die Zeit?
Ein lautes W o r t,
mit dem wir leben müssen.
Zuvor gab es nur E w i g k e i t...
Der Mensch hat sie zerhackt - zerrissen.

Ein S t ü c k w e r k nun,
das i h n zerreißt
bis zu der letzten Stunde.
Zeitlos fließt weiterhin
die Ewigkeit
lautlos aus unbekanntem Grunde.

Oh, nimm mich auf, Du Ewigkeit
und lass mich l a u t l o s   f l i e ß e n.
Nur dazu bin ich noch bereit -
und nicht
in Z e i t e n-D e n k e n-M ü s s e n!

Erden-Öl

Ich war einst Erden-Öl.
Dann wurd' ich Wachs.
Und dann hast Du
aus mir das Licht gemacht.
Die Dunkelheit, sie war vorbei.
Und Du warst frei.

Doch nicht genug,
Es mussten Funken sprühen,
damit die nächtlich' Lichter
noch mehr und heller glühen.
Es leuchtet Licht zur Zeit in jeder Eck'.
Das nächtlich' Licht.- Allein von
Mond und Sternen, das ist weg.

Den Unterschied von Tag und Nacht,
den hat das Dauerlicht kaputt gemacht.
Ob Tageshelle oder Dunkelheit
- ist alles gleich -
Fühlst Du Dich Mensch,
auch heute noch befreit?

Ein altes Lied vom Kerzenlicht,
das singen wir noch heut…
Jedoch nicht täglich, sondern nur
zu ganz bestimmter Zeit:
„Erst eins, dann zwei, dann drei, dann vier -
Dann steht das Christkind vor der Tür"…

Glücksgefühl

Glücksgefühl ist wie ein Sonnenstrahl,
der plötzlich, wie gezielt, aus Wolken bricht.
Und unerwartet Dich durchfährt,
mit ganz besonderem Licht.

Das leuchtet helle in Dir auf,
entspannt und streichelt Dich.
Du machst die Augen ganz weit auf…
fühlst gänzlich Dich im Licht.

Dies Glücksgefühl ist wie ein Quell,
der r e i n Dich kurz durchfließt.
Er löst sich auf in Harmonie,
die man noch lang genießt.

Nur diese kurze Seltenheit
macht Glücksgefühl so wert.
Man kann nicht ständig glücklich sein -
dann wär' die Welt verkehrt.

Unerbittliche Erkenntnis

Das Leben, das mir ward gegeben -
Ich hab' daran gewebt, gebastelt und gestrickt,
mit Leinen, weicher Wolle, festen Fäden -
damit es hält, was es verspricht.

Viel Meter Lebens-Stoff sind so entstanden
in sehr verschiedener, doch auch bester Qualität.
Sie übertreffen in der Eigenart die sonst bekannten anderen.
Wir haben zu Z w e i t-bemüht – daran gewebt.

Des Lebens Widersacher, Tod, riss ihn entzwei
Den Lebensfaden. Jetzt kenne ich den Feind,
der unerbittlich ist und ohne Gnaden.

Gebliebener Rest, er drohte aufzulösen
die letzte Bindung ans gewohnte Leben.

Die Stofflichkeit des Menschen hat die Macht,
ihn in Besitz zu nehmen
und geistige Gedankenkräfte
zu bündeln und zu zähmen.
Doch in dem Alt-Hirn sind, bewahrt,
die ersten Menschheits-Fragen:
Ob es ein zweites und belohntes Leben gibt,
um das auf Erden zu ertragen?

Des Lebens Ende ist der Quell,
aus dem Gedanken fließen,
die auf weitere Existenz in anderer Dimension
und geistiger Entrückung schließen.

Wortlos klingende Sprache

Man hat sie nie ergründet
die Sprache der Musik!
In höchster Form vollendet
schenkt sie uns tönend Glück.

Ein Glück, das wir verstehen
auch ohne Wörter-Sinn:
Es tönt in unserem Körper
und tief im Herzen drin.

Sie reinigt unsere Seele
mit religiösem Klang
und schenkt uns Engel-Bilder
mit himmlischem Gesang.

Sie lässt uns zwar erahnen,
wie sie entstanden ist:
In Ur-Zeit aus den Lauten,
wie die Natur sie spricht.

Doch Gott gab Mensch die Stimme,
das tönende Organ,
und noch dazu die Sinne,
dass man empfangen kann.

Die un-irdische Sprache
mit Noten tausendfach,
die alle sind entstanden,
solang der Mensch gedacht.

Die Buchstaben sind Noten -
zu Worten in Musik -
Das ist die G o t t e s g a b e,
die er uns ewig gibt.

Lebenskraft

Die Lebenskraft die stärkste ist,
sie holt aus Dir heraus,
was unverbraucht vorhanden noch
in Deinem Lebenslauf.

Die Sinne zeigen Dir erneut
mit „Leben" reich zu sein -
was Du vor Schmerz vergessen hast,
nachdem Du bliebst allein.

Das n e u e Glück an Lebenskraft
hat den bestimmten Sinn,
zu zeigen, was das „Leiden" schafft
an neuem Lebenssinn.

Nun nimm sie auf, die kurze Zeit
des neu erfüllten Seins.
Empfinde seine Göttlichkeit
und werde mit ihr EINS.

Kapitel 4

4. Tier- und Pflanzengeschöpfe

Sanfte Riesen

Ein Riese, grau, schwer von Gewicht,
behutsam mit den Säulen-Füßen und dem Rüssel,
vom Baum die Äste und die Blätter bricht.

Die Groß-Gestalt ist wunderschön
mit zart-sanftem Gemüt.
Die Augen klug und wachsam sind -
die Riesen-Ohren wehen im Wind.

Die Leit-Kuh, alt und sehr erfahren,
führt ihre Herde an: die Schwestern,
Brüder, Kinderchen, den Elefanten-Mann.

Sie nähren sich von Pflanzenkost
und lieben Wasser sehr.
Tun keinen anderen Tieren was
trompeten bloß: Jetzt kommen wir!

Die Sprache laut und leise ist -
auch unhörbar sogar.
Tönt für ihr Ohr viel-kilometerweit
der Mensch versteht kein Wort.

In ihrem Bauche tragen sie
den Nachwuchs bis zum Tag,
wo nach zwei Jahren ihr Baby kommt
heraus mit einem Schlag.

Da liegt es dann, schon riesengroß,
es ist schon alles dran!
Wichtig ist, dass es aufstehen muss…
Die Mutter stupst es an.

Und ihre Säulen-Beine sind
fürs Kind ein sicherer Ort,
wo's gleich auch Milch zu saugen gibt...
Sie gehen gemeinsam fort!

In Groß-Familien leben sie
und werden gut bewacht!
Die Schöpfung hat ein Meisterwerk
an diesen großen, klugen sanften Riesen -
b e i s p i e l h a f t vollbracht!

Der Elefanten-Friedhof

Da steht der Elefanten Schar
auf ihrem Friedhof still...
berührt mit ihrem Rüsselfinger
den „Rest" ihres Verwandten still.
Verharren in Beharrlichkeit
und halten „Totenwacht".
Wer von uns Menschen weiß das schon
und hätte das gedacht.

Das menschliche Gehirn
hat wenig Ehrfurcht vor N a t u r
nur wie sie für ihn nützlich ist -
nicht - wie sie war zuvor.

Ein Tierreich - riesengroß
und stark, die Erde schon besaß -
bevor es uns, die Menschen gab.

Der letzte Zeuge, der uns blieb,
das ist der Elefant.
Den Elefanten-Friedhof kennt
und sich erinnern kann.

Nicht erst der „Christ" die Seele hat.
Es hat sie auch das Tier.
Bevor sie „christlich" wurd' gemacht,
und Luther schlug die Thesen an die Tür.

Im Garten Eden gab's kein Tier- und Menschenreich,
sie wurden gleichwertig von Gott geschaffen
und lebten in Verbundenheit und Zweisamkeit
und mussten dann das Paradies verlassen.

Da auf dem Elefanten-Friedhof
von Tieren keine Tränen fließen -
Solltest Du sie - als Mensch und Christ -
nachträglich vergießen.

Przewalski-Pferde

Wer weiß das schon…
Noch vor nicht all zu langer Zeit
gab es in fremdem Land die letzten, wilden Pferde.
Nach dem Besitzer ihrer Steppe wurden sie benannt
und hießen die „Przewalski-Pferde".

Sie drohten auszusterben…
Doch ein beherzter deutscher Mann,
Direktor des Berliner Zoos hat den Plan
sie dort zu fangen und sodann
in weiterer Zucht zu hegen und zu pflegen.

Domestizierte Pferde wurden längst benutzt
mit ihrer Kraft zu Menschendiensten:
Als Pferde-Straßenbahn, als Müllabfuhr,
im Wald beim Bäumefällen und nicht zuletzt
im Krieg für Menschenschlächter in Montur.

Was soll der Rückblick sagen…
Das erst die Pferdekraft uns den Gedanken gab,
die Kraft mechanisch weiter zu entwickeln.
Das haben wir bis jetzt getan - nannten es „Pferdekraft"
und sind dabei, den Globus zu zerstückeln.

Gott schuf das Pferd - und gab dem Südwind den Befehl,
aus Wüstensand ein ähnlich Tier zu formen.
Der Südwind machte das K a m e l zum Reittier
für die sandfarbenen Horden.

Das gibt es noch…
Es läuft und rennt im Wüstensand,
ist folgsam, braucht nicht viel, macht kein Gestank,
vermehrt sich von allein und ist geblieben,
so wie es Gott dereinst gewollt und hat entschieden.

Und die Moral von der Geschicht':
Vergiss trotz aller Autos…
Przewalski-Pferde und u n s Kamele nicht!

Der Urkrebs

…ist ein urig Tier.
Wir haben ihn gefunden –
Er schwamm schon in der Ur-supp' rum,
der gräulich stinkig bunten.

Er ist so klein - man sieht ihn nicht,
kann sich total verstecken
in 1000-jährigen Winterschlaf –
Man braucht ihn nur zu wecken.

Er ist nie fort - ist immer da
in Krumen, Pulver, Wasser.
Er trägt in sich den L e b e n s b o r n ,
vom Mensch gesucht - den hat er.

Unsterblichkeit ist seine Kraft
aus Eiweiß-Molekülen,
die geben Ü b e r l e b e n s m a c h t
nach der wir längst schon wühlen.

Die Wissenschaft stellt sich nun vor,
das Leben zu erhalten, mit
Urkrebs-Eiweiß massenhaft
die Kranken und die Alten!

Der Urkrebs-Jungborn ist kein Spaß,
wurde gezeigt im Fernsehen,
in „Sondersendung" vormittags
in Bildern und im „Nah-Sehen".

Stuhl

Ich war ein Baum.
Da trug ich Dich
mit dem Geäst
ganz fürsorglich.
Mit Blättern deckte ich Dich zu
zur Abend-Ruh'.

Jetzt bin ich Stuhl
und trage Dich
und Dein Gewicht
bei Arbeit und bei Tages-Ruh'!
Du bist entspannt.
Dein Körper leicht.
Das haben wir zu zweit erreicht.

Mich gibt es noch.
Den Mutterbaum.
Du wurdest neu
und lebst den Traum,
dass Mensch etwas Besonderes sei...
Das-geht-vorbei!

Bett

Ich war einst B a u m -
Du legtest Dich
zu jeder Nacht
auf selbst gepflücktes Blätter-Bett,
das täglich neu Du Dir gemacht.

Jetzt bin i c h neu.
Ein Bett aus Holz und diene Dir
in der ganz ähnlichen Manier -
da Du nun Mensch geworden bist…
Und nicht mehr täglich Blätter frisst!

Aus Linnen ist Dein Schlafgewand,
aus Daunen Deine Deck',
die Unterlage ist wollweich
- so hast Du alles angewandt
aus Tier- und Pflanzenreich.

Der Heim-Tier-Zoo

Hereinspaziert - Hereinspaziert…
Das ist ein Zoo-Haus…
Da treibt sich allerhand herum
vom Tiger bis zur Maus.

Panda, Kamel und Dromedar,
Elefanten, Affen, Schlangen,
selbst Stehauf-Männchen, Igel-Fisch…
Du brauchst vor keinem bangen.

Drückst auf den Knopf:
Da sind sie schon, ganz artig und manierlich.
Erscheinen auf dem Fernseh-Bild,
sind aber total tierig.

Sie frühstücken, gehen spazieren,
werden gekämmt, gebadet
und liebevoll mit Hand versorgt,
damit ihnen nichts schadet.

Und wenn sie dann mal größer sind,
kriegen sie eine Frau
und machen viele Tierkinder
für die Besucher-Schau.

Die Pfleger-Schar, ob Mann, ob Weib
lieben die Tiere sehr.
Sie haben alle Eigen-Namen,
es werden immer mehr.

Wenn Du dabei die Augen schließt
und hörst den Pflegern zu,
dann meinst Du, dort nur Menschen sind –
alle auf Du und Du!

Mäuschen und Schätzchen, Süße,
Max, Frieda, Karl und Herz,
dann Mops, Dolli, Rollo, Spatz,
klug, zickig und pervers.

Der Elefant heißt Shiva,
die Dicken Mops und Klops,
die Tiger-Dame Diva,
das Flusspferd nur Dickkopf.

Es gibt Große und Kleine,
auch „Dummchen" allemal.
Ich bin gewiss, fehlt immer einer
bei dieser Namenszahl.

Und wenn mal einer Bauchweh hat,
kommt er gleich angerannt,
der Tierarzt Dr. Helferich,
den Koffer in der Hand.

Der Pfleger macht die Stube rein
und streut das neue Stroh
und säubert auch den Abfall weg.
Das macht die Tiere froh.

Langweilig soll es auch nicht sein,
versteckt die „Leckerli"
in Holz und Trog beim Füttern ein –
die Tiere finden sie.

Das Schönste scheint die Niederkunft
von „Mama"-Tier zu sein;
sie purzeln aus dem Bauch heraus,
erfreuen Groß und Klein.

Und weil sie gar zu niedlich sind,
die Paten Schlange stehen.
Ein jeder will ein Patenkind
von sich im Zoo sehen.

Und wenn es dann zum Schlafen geht,
mit liebevollem Klaps
spricht jeder Pfleger sein Gebet
und sagt: „Liebling, gut Nacht."

Die alten Tiere bleiben da –
erhalten Gnadenbrot.
Um weiterhin „Daheim" zu sein
und müssen dort nicht fort.

Wie doch die Tierwelt herrlich ist
so bunt und wunderschön!
Im Zoo sorgfältig erhalten wird,
um sie noch lang zu sehen.

Der Schöpfung Schöpfer Künstler war,
er wählte sinnend aus,
an Form und Farben, Holz, Gestein,
und machte Leben draus.

Er konstruierte träumerisch
die Pflanzen, Tiere, Menschen.
Da es Gott-Vater selber war,
kannte er keine Grenzen.

Kapitel 5

Und die Moral von der Geschicht'

Die Trauer - „Schleicher"

Du hast gedacht, Du bist uns los!
Pass auf - wir kommen wieder.
Du denkst an nichts, da sind wir schon,
schleichen durch Deine Glieder.

Zu Mund und Augen geht's noch gut -
da fließen reich die Tränen…!
Bloß ins Gehirn kommen wir nicht rein -
es beißt uns weg mit Zähnen.

Denn im Gehirn sind s i e jetzt drin -
die „Trauer-Schleich-Vertreiber",
so einfallsreich und wirkungsvoll -
auch noch erfolgreich - Leider!

Die Trauer-Schleicher haben's versucht -
verloren ihre Macht,
wurden dann schließlich aufgelöst
Denn das Gehirn hält W a c h t!

Und die Moral von der Geschicht':
Vergiss das klare Denken
Deines Gehirnes nicht!

„Knurpsi" - der Igel-Fisch

Da schwimmt er rum der Igel-Fisch;
der „Knurpsi" heißt und schwimmt sich frisch.
Er inhaliert den Sauerstoff,
der sprudelnd aus dem Wasser troff.

Er ist nicht schön - doch sehr apart
von einer ganz besonderen Art;
mit Augen groß und „knurpserig",
sehr rund und etwas „buckelig".
Sie stehen vor und gucken stumm
mal links herum, mal rechts herum.

Sein Kopf ist rund und „igelig",
sein Bauch ist rund und „kugelig".
Auf seinen Schuppen sitzen Spitzen,
damit kann er die Feinde ritzen.

Er ist sehr komisch - wenig schön,
aber auch e r zeigt,
was zu seh'n an i h m
mit Namen „Igel-Fisch",
was man nicht glaubt, dass möglich ist!

An Bauches Seiten stülpt er raus
ein silbrig glänzendes Gespinst,
wedelt im Takt damit wie Vögel tun,
wenn sie in Lüften sind.

Dann wird aus unserem „Igel-Fisch"
ein „Vogel-Fisch" sogar –
der silbrig-zart beflügelt ist
mit schönem „Engelhaar"!

Und die Moral von der Geschicht':
Vergiss die Engelshaare nicht!

Mutter Erde

Ich bin ein Kind der Mutter Erde
wurde geformt im Erdenschoß
in den der Himmel gab den Samen
zu machen eine „Vielfalt" groß.
Sie hat mich dann ernährt, die Mutter Erde,
die Nahrung sprießen ließ im Überfluss,
auf dass die „Vielfalt" andersartig werde.
Der Trank dazu vom Himmel sich ergoss.

Du gabst der „Vielfalt" eine Erdenmutter,
die sich verhalten soll an Deiner Statt,
Dir gleichzutun im Nähren und Erhalten -
wie Gott es einst beschlossen hat.

Der Zorn der Mutter Erde ist sehr groß,
wenn man nicht hört, was sie uns sagen will.
Die Regeln der Natur gar ü b e r h ö r t
und weiter ü b e r l i s t e n will.

Drum Mensch, besinne Dich zurück,
woher Du kommst, wohin Du gehst.
Du warst einst Staub - wirst wieder Staub -
und hast im Erdzeitalter ja nur sekundenlang gelebt.

Und die Moral von der Geschicht':
Vergiss die Mutterpflanze
das Muttertier
die Menschenmutter
und die Mutter Erde nicht.

Die Himmelstreppe

Die Treppe scheint ein Gleichnis mir
zu sein im Lebenslauf,
denn auch mit ihrer Konstruktion
da geht's mal runter und mal rauf.

Die Treppe ist - wie allbekannt
gemacht, um Höhen zu erreichen.
Wenn man dann endlich oben steht,
dann muss man wieder abwärts schleichen.

Zwar kann man stehen bleiben auch
auf e i n e r Stufe nur,
um mal nach rechts und links zu sehen
in der Erholungskur.

Doch wenn man keine Lust mehr hat,
die Treppe zu besteigen,
dann fährt man mit dem Fahrstuhl rauf!
Oder kann unten bleiben.

Die Treppen zieh'n uns magisch an -
was gibt es oben wohl zu sehen?
Sie sind mal klein ,mal groß - mal kurz, mal lang.
Man kann dem Neugier-Zwang kaum widerstehen.

Im Alter wird es anders dann -
man blickt zwar zu ihr hin!
Will aber nicht mehr steigen rauf…
das kommt nicht in den Sinn.

Man steht auf unterer Stufe nun -
uns nimmt die Erde auf…
Das ist ein richt'ger T r e p p e n w i t z
nach altbekanntem Brauch.

Den Namen trägt die Trepp' zu Recht,
denn dereinst schweb' ich rauf,
auf meiner Himmelstreppe nun,
und Petrus macht mir auf.

Und die Moral von der Geschicht':
Vergiss beim Treppensteigen
die Himmels-Treppe nicht.

Tisch

Ich war einst B a u m
und nährte Dich
mit Blatt und Früchten - manniglich.
Du klettertest von Ast zu Blatt
und wurdest satt.

Jetzt bin ich T i s c h -
Und Du nährst Dich
von neuen Speisen manniglich.
die auf mir mit den Tellern stehn.
Das find'st Du schön.

Die Nahrung ist jetzt immer da -
an jedem Tag, in jedem Jahr.
Du machst sie täglich selbst bereit -
Brauchst aber dafür Zeit…

Drum suchst Du neue „Affen" Dir!
Die bringen fertig auf Papier
„Hot Dogs" an Deine Wagentür -
auch „Big Macs" haben sie bereit…
Jetzt hast Du endlich noch mehr Zeit!

Und die Moral von der Geschicht':
Vergiss Dein Affenleben nicht!

Der Baum lebt weiter

Wenn Du in Deinem Zimmer sitzt,
bedächtig Deinen Bleistift spitzt,
dann bist Du längst nicht mehr allein –
Es ziehen Gedanken in Dich ein.

Sie sagen Dir und Deinem Augenlicht:
„Schaut mich nur an, dann findest Du Dich
mit mir bekannt -"
Wie vordem - im Entwicklungsland.

Die Gegenstände rings herum
sie sprechen lautlos - sind nicht stumm.
„Ich war einst Baum, Du hüpftest noch
auf mir herum - Man schlug mich um.
Ich wurde Holz. - Und Du in Deine Hütte krochst."

„Jetzt aber hast Du w i e d e r mich.
Du säuberst und behandelst mich.
Und wenn mich mal ein Holzbein schmerzt,
holst Du den Arzt…

Der kennt sich aus und macht mich heil
mit Schrauben, Nieten und dem Beil.
Bett, Stuhl und Tisch Du wiederkriegst,
um zu benutzen mich.

Ich bin gewachsen Dir ans Herz, weil Du mich brauchst.
Und Du empfindest Schmerz, wenn man mich fortbringt
von Dir - und aus dem Haus.
Du hast Dich sehr an mich und meine Existenz gewöhnt."

Auch ein gefällter Baum lebt weiter noch - als Holz.
Das reagiert auf Kälte - Hitze, dehnt sich aus,
gibt einen Ton von sich - quietscht
und knarrt ganz laut.

Und die Moral von der Geschicht':
Ein Baum bleibt L e b e n
- für Menschenaffen - und für Dich!

Summa summarum

Wir sind die Summen-Sammler
in langer Lebenszeit.
Wir sammeln unsere Summen
beginnend in Kindheit.

Der Abschluss der Erziehung
ist Summe No 1.
Die Summe der Bemühung
ist Summe No 2.
Die Summe des Erreichten
ist Summe No 3.
Die Summe aller Freundschaft
ist Summe No 4.
Die Summe aller Feindschaft
steht immer hinter Dir.

Die Summe aller L i e b e
man nicht be-nummern kann -
es gibt so viele Lieben,
die man nicht zählen kann.
Am größten ist die Summe
der G l a u b e n s-Willigkeit
ist einzeln nicht zu zählen,
man ist stets neu bereit.

Und Du als Summensammler,
bemüht Dein Leben lang,
hast weiter nichts in Händen:
Ein S c h i l d an langer Stang'.
Darauf hast Du geschrieben
und drehst es langsam um:
„Das ist mir nur geblieben –
ein S a m m e l s u r i u m."

Das nehm' ich mit zum Herrgott!
Der kennt sich besser aus…
und pickt mit seinem Finger
für mich das Beste raus.

Und die Moral von der Geschicht':
Vergiss bei Deinem Summen-sammeln
den lieben Herr-Gott nicht!

Die Flitzer

Über die Straßen flitzen sie
gemeinsam und mit nacktem Knie.
Der Flitzer-Sport ist heiß entbrannt.
Es wird im „Affenzahn" gerannt.
Doch nur die Ersten sind die Sieger.
Die anderen heißen „müde Krieger".

Zu Haus geht's auch mit Flitzen los -
es ist schon spät, rasch in die Hos'!
Das Brötchen in den Mund geklemmt -
rasch hin zur Straßenbahn er rennt.
Die Kinder heut zur Schule flitzen:
Mama, mach' schnell, sonst bleiben wir sitzen.
Sie hüpfen in das Auto rein
und können g'rad noch pünktlich sein.

Schon früh am Morgen wird geflitzt,
bevor man noch am Schreibtisch sitzt.
Egal, ob's kalt, heiß, eisig ist -
sogar im Schnee wird noch geflitzt.
Es soll für die Gesundheit sein,
die flitzt man sich beim Rennen rein.

Der Schweiß, der rinnt - das Herz, es klopft –
man atmet mit hochrotem Kopf.
Der Flitzer-Sport er wurd' erfunden,
um Jung und Alt neu zu gesunden.
Wobei man ganz vergessen hat, dass Ausruh'n
auch sein' Vorteil hat!

Kommst zu Dir selbst -
guckst in Dich rein -
Da muss doch auch was drinnen sein,
was froh, gesund und glücklich macht -
O h n e z u f l i t z e n -
Gute Nacht!

Und die Moral von der Geschicht':
Vergiss beim vielen Flitzen
das schöne Ausruh'n nicht!

Namen

Schöpfer - Du hast viele Namen –
denn die schlauen Menschen kamen
seit Jahrtausenden dazu –
gaben Dir nie Namens-Ruh'.

Formten Dich in Gold und Silber,
machten von Dir schöne Bilder;
heilig-schön und auch apart –
manchmal auch mit „Rausche-Bart".

Denn - sie müssen Dich sehr lieben,
können nicht genug von kriegen,
kramen in dem „Namen-Sack"…
„Liebes Kind" viel Namen hat.

Menschen schätzen das „Konkrete",
zahlen selber mit „Monete";
ihnen wird zur größten Last,
wenn Du nichts in Händen hast.

Deshalb machen sie Dich schön,
haben was um anzusehen.
Bauen große Häuser Dir,
öffnen weit die Kirchentür.

Da können sie Dich immer finden –
Du vergibst ihnen ihre Sünden.
Drum, versteh', dass Menschenhaufen
ein flexibles Gott-Bild brauchen.

Weiße, Schwarze, Gelbe, Rote
machen selbst sich die Gebote,
wie's am besten ihnen passt.
Alle tragen andere Last.

S c h ö p f e r, Du im Geiste lachst…
hast es wirklich weit gebracht
mit der Menschenkinder-Schar…
die einst schlicht und einfach war.

Darum bleibe - wie es ist!
Niemals Du zu sehen bist.
Niemand weiß, ob es Dich gibt -
Trotzdem haben Dich alle lieb!

Und die Moral von der Geschicht':
Suche im Wörter-Sack nach
S c h ö p f e r s Namen nicht!

„Grüne Ostern"

Ich bin ein kleines grünes Schneckchen
und sitze hier im Küchen-Eckchen.
Ich bin noch rot, bin noch nicht g r ü n,
war aber im Salat-Kopf drin.

Mit dem bin ich nach hier gereist
und hatte grad' ein Blatt verspeist...
Sie packt mich aus und legt mich hin.
Die Hausfrau heißt „Verdura G R Ü N".

Ich spitz die Fühler – seh' mich um....
alles liegt nur in GRÜN herum;
Salat und Gurke, Ostereier, g r ü n e Koteletts
zur Osterfeier, der Pudding g r ü n
und grüne Sauce -
Was ist das bloß für eine Chose?

Ich schleiche aus dem Kühlschrank fort
und such mir einen anderen Ort. Selbst hier
ist alles G r ü n in g r ü n: Die Wände,
Schürzen, Rosmarin! Pech - damit ist es nicht
getan, weil man ja dies nicht fressen kann.

Drum schleich ich mich zum Abfall-Topf mit „Bio"
drauf. Mein schlauer Kopf mich dazu gut beraten hat
und fresse mich am Abfall satt!

Dass „G R Ü N E" nur was „G R Ü N E S" essen
und nicht wie kleine Schnecken fressen
und alles andere verschmähen,
kann ich als Schnecke ja verstehen.
Doch dass sie dabei a u f r e c h t gehen,
können Kriecher-Schnecken nicht verstehen.

Und die Moral von der Geschicht':
Politisier das ‚G R Ü N E' nicht.

Für Frau M. S.-N.

Der Kopf, der denkt -
Motorik lenkt -
Der Schlaf tut gut -
Und Du erwachst mit Arbeitswut.

Weiter wird nicht dabei gedacht.
So haben Alle es gemacht.
Solange es schon Menschen gibt,
unter unserem Zenit.

Dann kommt der Tag…
Er will nicht mehr - der Körper -
ist kein Arbeitstier!
Streckt alle Viere von sich hin!
Nun find' mal einen neuen Sinn!

Alleine kommt man nicht darauf.
Der „Welten-Geist" schickt „Mittler" aus,
die mit fast himmlischem Gespür
eröffnen Neue Welten Dir.

Die Welt des K ö r p e r s
und der E n e r g i e.
Die Welt der N a t u r k r a f t
und der S y m m e t r i e.

Sie wirken alle ein auf das Befinden.
Ist sicher wert, dies alles zu ergründen.

Der Körper „Energie-Empfänger" ist,
an den das Universum Kräfte schickt.
Die kann e r h a l t e n jedermann,
der diese auch e m p f a n g e n kann.

Die Energie fließt in Dich ein…
Jetzt kannst Du wieder stark und tätig sein!

Und die Moral von der Geschicht':
Vergiss die Suche nach dem ‚Mittler' nicht!

Die Schwarz-Erle

Ich kaufte uns ein Haus - mit alter Erle.
Sie stand da - mittendrin -
Spendet im Sommer uns den Schatten
und wirft im Herbst die schwarzen Zäpfchen hin.

Sie ist schön, dick und rundig,
des Stammes Rippen tief gefurcht.
Eichhörnchen sind sehr erlen-kundig
und schätzen ihre Frucht.

Am liebsten sitze i c h bei ihr
und schau sie sinnend an…
was man von Mutter Erle…
Doch alles lernen kann.

Verlässlichkeit und Treue.
Genügsamkeit und Kraft.
Mit kräftigen alten Wurzeln
man immer Halt sich schafft!

Im Winter wird sie moosig,
zieht sich ein Pelz-Kleid an.
Das ist so weich und zärtlich…
I c h sie umarmen kann.

Doch meine Arme reichen
schon längst nicht mehr herum!
Sie gleichen Kinder-Ärmchen
um Mutters Knie herum.

Die meterhohe Krone
schaut tief auf mich hinab:
„Was ich doch an den Wurzeln
für kleine Menschlein hab'!"

Sitz ich auf meinem Sitzplatz,
spielen Hörnchen um den Stamm.
Ganz kurz halten sie inne…
und schauen mich staunend an!

Mit Bäumen muss man l e b e n,
nicht nur spazieren gehen,
berühren, tasten, lieben -
Den Kopf zur Krone dreh'n.

Wer lebenslang erlebt hat
sein Leben mit dem Baum…
Der e s dann auch erfühlt hat:
Das Leben ist ein Traum.

Und die Moral von der Geschicht':
Auch im normalem Leben
Vergiss das Bäume-T r ä u m e n nicht.

Traum-Abfall

Ich weiß, ich träumte schon als Kind.
Und schrie und weinte laut…
Mutti eilte herbei geschwind -
machte mich wach und sagte:
„Es war doch nur ein böser Traum, mein Kind."

Die Kindheit längst vergangen ist.
Ich träumte immerfort…
Doch wenn ich wach geworden bin,
war niemand mehr am Ort!
Das tröstend Mutterherz ist heimgegangen.
Was hab' ich dann mit meinen Träumen angefangen?

Zunächst war alles klar - ich war erwachsen.
Hatte des Nachts im Schlaf den Traum, das war normal.
Der Inhalt war von Morpheus ausgedacht.
Manchmal hab' ich darüber laut gelacht -
Die Jahre gehen dahin…die Träume bleiben!
Kann ich vom Thema her in „schön" und „hässlich" teilen.

Doch nachts im Schlaf erleb' ich eine Welt
- mir fremd - die gar nicht mir gefällt.

Das hat ja schließlich „JEDERMANN",
der sich im Traum nicht wehren kann.
Der Mensch - er schläft, Gehirn schläft nicht -
Es fängt dann toll zu spinnen an,
was man elektrisch messen kann.

Es könnte „dies" sein oder „jenes",
vielleicht hat's auch zu tun mit Penis.
Möchte wissen, ob auch Tiere träumen -
Ob Pflanzen, Steine, Wüstensand…
Des Meeres Wellen am Uferstrand…

Stopp! Jetzt geht's ja schon wieder los
das Rätselraten um dem K l o ß,
den uns der F R E U D gebraten hat...
Ich sch...pfeife drauf -
drum: Gute Nacht!

Denn das Gehirn scheidet nachts aus,
was raus muss - aus dem Denker-Haus!
Es will sich einfach nur entleeren,
unnützen Ballast nicht vermehren.
Und was es dann entbehren kann,
das kommt im Traum als Abfall an.

In Traum-Literatur stieg ich mal ein
und hoffte schlauer dann zu sein -
Doch das Verwirr-Spiel setzte sich fort -

Ich analysierte jedes Wort,
das mein Gehirn ‚in petto' hat.
Vorbei war's mit der guten Nacht.

Ich opponier', setz' mich zur Wehr!
Ich will jetzt keine Träume mehr...
Sie sind nichts wert - bloß Hirn-Geöde,
mal schön, mal schaurig, lustig, blöde.

Drum - nehme bloß den Traum nicht wichtig -
egal, ob falsch er oder richtig.
Denn auf den Nacht-Traum kommt's nicht an -
nur darauf, was bei T a g getan.
Man stelle eine Müll-Box auf
und schreibe ‚Traum-A B F A LL' darauf!

Und die Moral von der Geschicht':
Ein Traum im Hirn
nur ausgeschiedener
unnötiger
geistiger Abfall ist.
Entleerung täglich - kostenlos!

Emotionaler Häftling

Das Haften sehr natürlich ist -
in Pflanzen-Welt beliebt
Knospe und Blatt haften am Stamm,
der ungern sie hergibt.

An Mutters Rock haftet das Kind
am liebsten lebenslang.
Doch wenn ein schmucker Partner kommt -
dann ist ihm nicht mehr bang.

Der Mann, er haftet am Beruf,
die Frau an ihrem Kind.
Mit Emotion die Großeltern,
am Haus und Enkelkind.

Und woran haften w i r denn heut?
Die Zeiten anders sind.
Am liebsten „haftet" man nicht mehr -
und dreht sich mit dem Wind.

Mal links herum, mal rechts herum,
das ist doch einerlei.
Hauptsache ist man „haftet" n i c h t,
und bleibt stets für s i c h frei.

Die Revolution der Neuzeit ist,
sich zu „Nichts" zu verpflichten.
An „Nichts" zu „haften" wär' doch dumm,
da gäb es nichts zu richten.

Die Emotionen sind verblasst,
sie sind nicht mehr vakant.
Der Wechsel nur beständig ist,
das liegt doch auf der Hand.

Denn nur die Abwechslung macht Spaß -
sie gibt Dich ständig frei
zu unverbindlich Neuem Tun,
das ist der Trick dabei!

Ein emotionaler Häftling sucht
vergeblich einen Stamm,
an den er sich als U n i c u m
wie früher haften kann.

Und die Moral von der Geschicht':
Darum man heut kein Häftling ist,
sondern M A T E R I A L I S T.

Subcorticales Denken

Du denkst, Du denkst mit dem Verstand -
doch nächtens denkst Du nicht!
Es denkt in Dir und zwar zu Hauf -
und morgens wachst Du auf.

Jetzt purzeln aus dem Kopfe raus
die Denk-Ideen der Nacht...
Du wunderst Dich, woher das kommt
und wer s i e hat gemacht?

Es ist der Götter frohe Schar,
die - wie es vormals üblich war -
auf ihren Himmels-Wolken sitzen
und auf die Erde runter blitzen.

Sie haben ihren Spaß dabei
und blitzen Dir Gedanken frei.
Nicht die, die im Gehirn schon sitzen!
Da gibt es wirklich nichts zu blitzen.

Sondern nur die,
die längst vergessen sind
als Götter-Gabe
für das Menschen-Kind.

So schütten sie ihr Füllhorn aus
des Nachts, wenn's keiner merkt.
Und ist es dann fast aufgebraucht,
füllt's THALIA wieder auf!

Die alten Götter möchten gern,
dass Menschen fröhlich denken -
Sie drehen lachend ihr Füllhorn um
und tanzen auf den Wolken rum.

Und die Moral von der Geschicht':
Vergiss das subcorticale Denken
der alten Götter nicht!

Muse-Küsse

Der Papa eine Freundin hat.
Die ist uns Allen fremd.
Die ihn schon lange heimlich küsst -
er dann zum Schreibtisch rennt.

Ihr Name „M u s e" komisch ist -
den gibt es doch sonst nicht.
Ich kenne „Muse-Brot" und „Suse"
und Apfel-Pflaumen-Mus-Gericht.

Die Mama Mund und Augen schließt
und sagt dazu kein Wort,
weil „Muse" ja nicht sichtbar ist -
Ob es sie wirklich gibt?

Ich habe einmal mich versteckt
im Schreibzimmer von Pa
gehört, wie sie gesprochen haben.
Doch ich hab' nichts entdeckt!

Vielleicht fliegt sie auch durch die Luft
für Alle unsichtbar!
Und landet dann auf Papas Kopf
und küsst ihn wunderbar.

Wenn ich mal groß bin
will ich auch so eine M u s e haben.
Denn Küsse kriegt man nie genug,
um sich daran zu laben.

Erwachsene schon komisch sind,
die denken sich was aus
und leben damit quietsch-vergnügt
im Einfamilien-Haus!

Und die Moral von der Geschicht':
Unterschätz' die Phantasie
von Deinen Eltern nicht!

Die Kunst zu glauben

Christliche Religion ist blutig,
sie fordert Opfer und Ergebenheit.
Verspricht mit strenger Stimme,
uns erst im Himmel - falls verdient -
Erhabenheit.

Das Kind, mit Sünden schon beladen,
woran die Vorfahr'n schuldig sind,
hat bei Geburt die Last zu tragen
plus seiner eigenen Sünd'.

Die Kunst, an Gott zu glauben,
als Christ und Untertan
ist: Alles sich zu rauben,
damit man leben kann.

Die christlichen Gebote, hält man -
wenn's geht - schon ein.
Doch will man auch mal fröhlich,
nicht immer ängstlich sein.

Der klügste aller Götter
denkt sich das Richtige aus:
Die Sünden werden vergeben,
dann bleib ich Herr im Haus!

Das Gotteshaus auf Erden
uns Menschen Freude macht.
Wir singen und wir beten dort,
bewundern seine Pracht!

In dieser Doppelrolle,
von Glauben und von Raub,
wollen wir schon weiter leben,
solange man noch glaubt.

Die göttliche Erziehung
für uns sehr wichtig ist.
Damit das menschliche Gehirn
die Grenzen nicht vergisst.

Jedoch die Lebensfreude,
die in uns allen „schwappt",
hat viele große Freuden
den Sündern schon gebracht!

Und die Moral von der Geschicht':
Vermeide stets die hässlichen -
die schönen Sünden aber nicht!

Der Enkel-Stein

Ich stell' mir vor, ich wär' ein Stein.
An mir wär' gar nichts dran.
Kein Kopf, kein Arm und auch kein Bein,
um mal ein Mensch zu sein.

Liegt auf dem Berg, der stille Stein.
Das einzige, was er kann,
er fängt für sich zu denken an.
Es fällt ihm manches ein.

Die „Schubserei", stets Stein zu sein,
die ist er gründlich leid.
Will laufen, klettern, jodeln können
in einem Menschenkleid.

Urvater Stein - ein Zauberer ist,
vernimmt des Steines Klage
und zaubert seinem Enkel-Stein
ein Menschenkleid mit Nase.

Der Enkel-Stein reißt Augen auf,
den Mund und auch die Nase -
streckt aus die Hand' und rennt herum…
da staunt der Osterhase!

„Urvater Stein, nun zaubere mir
doch innen auch was ein –
Ich möchte doch totaliter
ein Menschen-Steinchen sein!"

Der Zauberer seine Stirne krümmt
und wendet sieh von hinnen -
„Der Enkel-Stein d a s gar nicht braucht -
dann würd' er menschlich spinnen."

Der Enkel-Stein, er blieb ein Stein
und guckt von weitem zu,
was ich als Mensch und ein Poet
mit den Gedanken tue.

Und die Moral von der Geschicht':
Ein jeder bleibe - wie er ist!

Der goldene Strahl

Es war an einem Frühlingstag.
Sonne am Himmel stand.
Und hat durch dichtes Bergesgrün
den goldenen Strahl gesandt.

Ich saß auf meinem Gartenstuhl
und träumte vor mich hin -
da hob der goldene Sonnenstrahl
den Kopf hoch…zu ihm hin.

Ich traute meinen Augen nicht,
das konnte doch nicht sein -
es fiel der goldene Sonnenstrahl
senkrecht in mich hinein.

Die Leuchtkraft und Beharrlichkeit
des Einzelstrahls war schön.
Doch in der Einzigartigkeit
bisher noch nicht gesehen.

Ich schloss die Augen, um zu schauen,
ob es ein Traumbild war.
Doch als sie wieder offen waren,
war e r noch immer da.

Blieb wie ein Stab in Lüften stehen,
ließ sich von mir betrachten -
der goldene Strahl vom Himmelszelt -
und meine Augen lachten.

Ich hielt ihm stand und dachte,
er muss ein Bote sein von meinem Mann.
der aus N i r w a n a mir
nur Strahlen senden kann.

Und diese Lichterscheinung zeigt,
was längst schon ist bekannt:
Nicht Alles zu erklären ist
mit menschlichem Verstand.

Und die Moral von der Geschicht':
Vergiss an Himmelfahrt die Möglichkeit
göttlicher Zeichen nicht.

Blaue Stunden

Das Radio spielt, der Kaffee kocht,
der neue Tag fängt an...
Ich höre flotte Tanzmusik
und freue mich daran.

In meiner Hand die Kaffeetasse,
die flott mich hat gemacht!
Es fängt schon an - die Füße jucken...
bewegen sich im Takt.

Die Hüfte macht die Augen zu
und denkt nicht mehr daran,
dass sie - da eigentlich alterschwach -
ja nicht mehr tanzen kann.

Der Rhythmus in die Glieder fährt,
bewegt die alten Beine.
Mit Schrittchen fein und rund dreh'n noch -
sie tanzen von alleine.

Die Augen strahlen s a n f t vor Glück,
man denkt ja doch daran...
dass Tanzen fast zu Ende ist...
Da fangen sie wieder an!

Der „junge" Kern - das „Jung-Gefühl",
sie sind noch b e i d e drin
in diesem „treuen" Körperchen,
das ja nur „Ich" sein will.

Das sind „bejahrte Blaue Stunden",
manchmal auch vormittags...
Es gibt davon noch reichlich viele...
Freu Dich - wenn Du sie hast!

Und die Moral von der Geschicht':
Vergiss in Deinem langen Leben
- und praktiziere sie -
die ‚Blauen Stunden' nicht!

Die D I N O-Vögel

Als einst ein schlimmer Sternenkrieg
am Himmel war entbrannt -
da hatten Feuerfunken auch
die Erde angebrannt.
Jedoch - der Globus - der blieb stehen
Die Riesen-D i n o s a u r i e r drauf,
die mussten weg, die mussten gehen.

Gott O S aus seiner Spalte kroch
und hob den Zeigefinger:
„Doch e i n e Spezies will ich noch…
mach' sie zu kleinen Dingern.

So schrumpften sie Millionen Jahr
und wurden immer kleiner.
Statt Schreien und Kreischen konnten sie
sogar schon die Tonleiter.

Gott O S macht bunte Farben drauf
und ließ sie niedlich picken.
Sie waren klein, doch nicht sehr schlau
und fanden sein Entzücken.

Die Riesenvögel von dereinst
sitzen jetzt federleicht
auf kleinen dünnen Zweigen.
Sie mögen nicht mehr frisches Fleisch!

Sie leben jetzt von Körnern nur –
die Menschen geben Futter
und hängen ihnen Häuschen auf
an Bäumen in Natur.

So wurde aus dem U n t i e r einst
ein einziges J u w e l -
mit seinem herrlichen Gesang
erfreut es unsere Seel'.

Wenn ich da an die „Putten" denk',
die stumm an Wolken hocken…
mit ihrem dümmlichen Gesicht
und all denselben Locken…
Dann weiß ich, dass statt „Putten-Schar"
auf Ölgemälden alten -
die echten Engel Vöglein sind
und sie allein
des Schöpfers Lobgesang abhalten!

Und die Moral von der Geschicht':
Die Evolution
ist eine Künstlerin -
Vergiss das nicht!

Nomen est Omen

Bevor das Kind geboren ist,
bedenkt man schon den Namen -
Ob's Junge oder Mädchen wird,
das kann man nur erahnen.

Soll heißem wie der Großpapa
aus der Familiensippe.
Eventuell wie die Großmama -
das ist nun mal so Sitte.

„Gottfried, Gotthard, Gottlieb, Gotthelf -
Joseph, Josephine,
Trine, Trudel, Trulla, Traude - auch
Giselher und Gisela,
Hermann und Hermine,
Theodora und Theodor,
Siegfried und Sieglinde."

Der alten Namen gibt's so viele -
man kaum aufhören kann,
zu suchen sie in alten Kisten -
hat großen Spaß daran!

Die Wahl der früheren Namen war
bedeutungsvoll und selten.
Sie stellten immer jemand dar
aus lang vergangenen Welten

Das Heikle an der Sache ist,
sie passten nicht auf jeden -
man schleppte diesen Namen rum,
konnte ihn nicht ablegen.

Ein kleiner Knirps mit großem Namen
wird zum Panoptikum -
Wird von den Eltern laut gerufen,
drehen sich die Leute um.

So geht es weiter in der Schule -
man macht sich Spaß daraus.
Die Freundin - später - sagt dann nur:
„Dein Name ist ein Graus!"

Erschwerend kommt dann noch hinzu,
waren der Namen drei…
Vom Opa, Vater, Paten-Onkel.
Bei welchem bleibt's dabei?

Das alles hat den tieferen Sinn,
Familien-Namen zu erhalten.
Sie bleiben in der Firma drin
bei Jungen und bei Alten

Das schmückt gar sehr –
gibt Ansehen und Vertrauen.
Die Leute wissen ringsherum:
„Auf die-da kannst Du bauen."

Drum nimm es hin. Du kleiner Knirps,
kannst dagegen nichts machen.
Die Eltern meinen es doch gut…
Kannst nur darüber lachen!

Und die Moral von der Geschicht':
Hört zu, Ihr Eltern:
L e i h t ihm solang die Namen
bis er sich selber einen gibt!

Alters-Ruhe-Zeit

Ein Irrwitz dieses Wortspiel ist,
beschreibt uns Zeit, die es nicht gibt.
Ein Alter voller „Dehnbarkeit" –
das sei die Ruhezeit!

Alter ist ja nur ein Begriff -
kann jung und uralt sein.
Auf „Ruhe" fällt bestimmt man rein...
Wer möchte das denn nicht?

Der größte „Gag" - das ist die „Zeit",
die man dann haben soll.
Die Zeit ist nämlich immer weg...
reicht vorn und hinten nicht.

Was einmal richtig „Zeit" gewesen,
gleicht einem „Schrumpfkopf" dann;
wird immer weniger, weniger schön,
man guckt sie ängstlich an.

Was mach' ich heut? Schaff ich das noch?
Verschieb' ich das auf morgen?
Gibt es nicht jemand anderen,
der alles kann besorgen?

So rennt man rum und strengt sich an,
es dauert alles länger...
Es zwickt mal hier und piekt mal dort.
„Still sitzen" ist der Renner!

Wie krieg' ich die Betriebsamkeit
denn bloß aus meinem Schopf?
Sie ist halt immer drin gewesen
und geht nicht aus dem Kopf.

Die einzig große Hilfe kann
das Abend-Fernsehen sein.
Schon nach Beginn - trotz allem Krach -
schlaf' ich gemütlich ein.

Wenn ich erwache, denke ich,
es hat doch seinen Sinn -
als Einschlafhilfe - ei-der-daus
ist ja auch sonst nichts drin!

So wird aus Alters-Ruhe-Zeit
ein drolliges Gemisch,
ich krieg' ja fast noch alles mit
und bin so fast top-fit.
Ich akzeptiere alles dieses
und fühl' mich alt und frisch!

Und die Moral von der Geschicht':
Drum flattert ‚verbaler Irrwitz'
Dir ins Haus -
Lach darüber -
und mach was draus!

Kapitel 6

Kritischer Humor im Alltag

Naturgesetze

Akzeptiere die Gesetze,
die Natur für Dich gemacht,
und erfinde keine Sätze,
die Du selbst Dir ausgedacht.

Strengen Regeln folgt das Leben
zum Erhalt der Lebewesen.
Einfach, schlicht und sinnvoll nur
ist das Leben der Natur.

Menschliches Computer-Hirn
sucht und will erfinden
mit gekrauster Denker-Stirn
interessantere Sünden.

Denn Langeweile macht sich breit.
Lebt man wie in früherer Zeit.
Neue Rollen zu besetzen,
mit dem Mund viel Unfug schwätzen,
Körperwahn und Spaß-Geschrei
machen heut die Menschen „frei".

Unsinnige Gedanken wühlen
in den Tiefen von Gefühlen
und kreieren Denk-Gespinste,
denen dann der Mensch verfällt…
Das ist unsere „neue Welt".

Freizeit

Was ist L e b e n heutzutage?
Eine nicht geringe Plage!
Läufst den ganzen Tag herum,
wirst nicht klüger, bleibst meist dumm.

Schiebst herum Dich in der Menge,
liebst die körpernahe Enge,
holst heraus das Taschen-Phon,
lauschst begierig seinem Ton.

Hast Du Freizeit? Ach Du Schreck!
Ist die Freizeit plötzlich weg!
Selbst dann bist Du nicht allein,
kannst nur frei mit anderen sein.

Zweie dreh'n sich n i c h t im Kreise,
jeder tanzt auf seine Weise -
Disko-strampelnd ganz allein!
Das muss Freizeit-Wonne sein!

Doch viel freier kannst Du sein,
stellst zu Haus das Fernsehn ein!
Rauf aufs Sofa - Türe zu -
endlich hast Du F r e i z e i t-Ruh'!

Die Funkuhr

Hört Ihr Leut' und lasst Euch sagen:
zwölfe hat die Uhr geschlagen.
Zwölfe ist die höchste Zeit.
Macht Euch für das Bett bereit!
Und so stapft der Alte Mann
mit Latern und Nachtgesang.

Doch das ist schon lange her,
kümmert heute keinen mehr.
Turm-Uhr - Wand-Uhr,
Tisch-Uhr - Hand-Uhr,
Zähl-Uhr - Stand-Uhr;
Uhren hier und Uhren dort
stehen jetzt an jedem Ort.

Laufen heute von alleine.
Haben jetzt sogar drei Beine:
Dicke, dünne, große, kleine
rennen auf dem Zifferblatt,
dass man seine Freude hat!
Und was ist der Sinn vom Ganzen,
lässt man so die Zeiger tanzen?

Zeit ist G e l d und Geld ist knapp –
Du v e r m e h r s t die Zeit: „schnipp schnapp"
in Minuten und Sekunden –
übrig bleiben nur die Stunden.
Und auch die vergehen schneller,
sieht man auf den Ziffern-Teller!

Zeit für M u ß e - ist gewesen.
Zeit für's Buch - keiner will lesen –
Selbst die M u s e küsst nicht mehr…
Wo kam denn die „M u s e" her?
Aus der alten L a n g s a m-Z e i t!
Aus des Himmels E w i g k e i t!

Das Wasser-Lied

Aus den Wolken fällt der Regen
und bringt Tier und Pflanzen Segen.
Elefanten duschen sich
mit dem Rüssel fit und frisch!

M e n s c h e n machen sich M a s c h i n e n,
so muss ihm das Wasser dienen.
Aus den Löchern in der Wand
kommt das Wasser a n g e r a n n t!

Und mit dick und dünnem Strahl,
sprudelnd oder stechend gar,
steht er stramm im Dusche-Becken
und lässt sich mit Wasser wecken!

Aber alles was gefällt,
kostet Menschen sehr viel Geld!
Leise tickt die Wasser-Uhr,
Selbst für KNEIPPS Gesundheitskur!

Mensch stellt sich dann Tonnen auf,
kontrolliert den Wasserlauf,
der vom Himmel g r a t i s fällt!
Diesmal geht's auch ohne Geld!

Doch dann kommt der Wasser-Mann!
Schaut des Wassers Tick-Uhr an.
Rechnet saub'res aus der Wand,…
dazu schmutz'ges aus der Hand…
was dann in die E r d e fließt
und die Regenwürmer gießt.

Ja, das ist des Menschen Los –
Z a h l e n muss er klein und groß,
sauber - schmutzig - kalt und heiß.
A l l e s hat halt seinen Preis!

Das Menschen-Tier

Tiere war'n schon vor uns da –
Tausend und Millionen Jahr.
Hatten da schon längst begriffen,
was w i r erst noch l e r n e n müssen!

Hast Du Hunger - musst Du essen -
Tiere suchen was zu fressen.
Hast Du Durst - dann musst Du trinken -
Tiere seh'n das Wasser blinken.

Bist Du müde - gehst zur Ruh' –
Tiere hab'n längst die Augen zu!
Ist Dir kalt und musst Du frieren,
kannst Du lernen von den Tieren:
Dicht gedrängt und pudelwarm
halten alle sich im Arm!

Wollen sie spazieren geh'n,
muss e i n Tier zur Wache steh'n.
Und mit einem schrillen Pfiff
ruft es alle sie zurück.

Mensch muss groß und stark nun werden!
Das gehört sich so auf Erden.
Tiere werden es von allein:
Einer muss der S t ä r k s t e sein!

Dieser Stärkste sorgt für alle…
Mensch geht weiter in die Falle
Mensch will schön sein –
Braucht viel Geld –
Kauft was alles ihm gefällt!
Tiere sind von sich aus schön…
brauchen nicht ins Kaufhaus geh'n.

Aber Eins hab'n alle gleich:
Weibchen im Tier und Menschenreich.
Wer sich am schönsten plustern kann –
Den nehmen sie dann gern zum Mann.

Armut

Arm an Mut…das ist die „Armut",
einfach der Mut, das Leben zu bestehen
so, wie es unsere Vorfahren konnten,
belastet durch die Welt zu ziehen.

Froh und zufrieden über alles,
was die Natur uns gibt.
Mit Tag und Nacht verbunden dem Naturverlauf,
der Sicherheit und Ordnung gibt.

Herz und Verstand, die waren gleichgewichtig
in ihrem Wollen, Wünschen, Tun,
aus eigener Kraft, unter natürlichen Bedingungen,
am Tag zu arbeiten und nachts zu ruhen.

In h e u t i g e r Zeit ist Armut Schreck und Schimpfe,
weil man des Wortes Sinn vergessen hat.
Selbst ist man nicht daran beteiligt…
das haben uns die anderen angeschafft!

So ziehen sie klagend durch die Straßen
und schulden andere an.
Ganz unverständlich für den „Intelligenzler",
dass man den Sinn des Worts vergessen kann.

Es stellt ich nun die heikle Frage,
ob „A r m u t" eine Hilfe ist
für den geplagten „Europäer",
dass er die „Irrsinns-Anspruchs-Welt" vergisst.

Die Stopf-Gans

Die Stopfgans ist ein armes Tier.
Man stopft sie dick und rund.
Alles in ihren Hals hinein -
und das hat seinen Grund.

Und wenn sie nicht mehr laufen kann,
dreht man ihr Hälschen um.
Und das seit tausend Jahren schon -
da kommt man nicht drum rum.

Welch Glück, dass wir nur Menschen sind -
man uns nicht stopfen kann.
Es fehlt der lange Gänsehals,
ohne den kommt man nicht dran.

Und in die Pfanne passen wir,
da viel zu groß, nicht rein.
Und auch der Ofen in der Küch'
ist dazu viel zu klein.

Wir bleiben also, wie wir sind,
mit rosa Haut und Haaren,
und rennen fort - schnell wie der Wind -
falls wollt' uns einer braten.

Drum züchte Weihnachtsgänse n u r
mit kleinem, kurzem Hals -
dann können sie stets bei uns bleiben
und schnattern: „Gott erhalt's!"

Die Finger-Spitzen-Augen

Sie sind gedacht
als Hilfe und Ersatz
für Augen oben.
Und wurden dafür angeschafft.

In unserem langen Leben
machten sie alles mit,
und das war nicht vergebens -
jetzt sind sie klug und fit.

Sie kennen jede Richtung -
wo oben - unten ist.
Und tasten sich genau dahin…
wenn man geschäftig ist.

Die Augen oben staunen,
was Finger-Spitze kann.
Und Du, als Augenträger,
hast Deine Freude dran.

Das tastende Erfühlen
macht das Empfinden reich.
Durch tägliche Gewöhnung
erkennst Du alles gleich.

Die Fingerspitzen-Augen
wer hat sie ausgedacht?
Man möchte es fast glauben…
Gott-Vater in der Nacht.

Der Ichling

Der Ichling, das ist auch ein Mensch
genau wie Du und ich -
der nur das Wörtchen „Du" nicht kennt.
Doch dafür kann er nicht.

Stand nicht in seinem „Duden" drin,
und keiner bracht's ihm bei.
Fängt jeden Satz mit „Ich" drum an.
Das ist ihm einerlei.

Auch in der Schule passt es gut,
fängt er mit „Ich" gleich an.
Und was er sonst noch sagen will,
das hängt er einfach dran.

Die große Macht des Wortes „Ich",
die hat er bald erkannt -
denn Menschen neigten sich vor ihm
und küssten ihm die Hand.

Doch als es dann an's Sterben ging,
probiert er's noch mal aus.
Er öffnete ganz weit den Mund…
der offen blieb…
das „Ich" kam nicht heraus!

Der Bossa Nova
(Allegro Molto)

Ach - wie ich mich freue
tscha tscha tscha
und auch nichts bereue.
tscha tscha tscha
Denn in meinem Leben
tscha tscha tscha
ist alles schön gewesen.

Ach - wie bin ich froh
tscha tscha tscha
man lebt ja so wie so.
tscha tscha tscha
Ob man will oder nicht.
tscha tscha tscha
Am Morgen weckt das Licht.

Ach - ich denke dran,
tscha tscha tscha
was man erleben kann.
tscha tscha tscha
Möchte im Leben baden
tscha tscha tscha
und noch viel von haben.

Ach - ich warte ab.
tscha tscha tscha
Einmal kommt der Tag.
tscha tscha tscha
Verlass das Erden-Haus.
tscha tscha tscha
Breite die Flügel aus…

Ach - dann bin ich da,
tscha tscha tscha
wo ich schon einmal war.
tscha tscha tscha
Als kleines Seelchen mein.
tscha tscha tscha
Da soll es wieder sein.

Nonsense

Affen können nicht laut lachen,
Schnecken keine Sprünge machen,
Regenwürmer können nicht fliegen,
Steine keine Kinder kriegen,
Frisch-Milch-Kühe können nicht tanzen,
Ziegen keine Blumen pflanzen.

Brüll-Affen können nicht singen
und die See-Kühe nicht springen.
Kakadu hat nur zwei Beine
und die Schlange hat gar keine.
Fische gehen nicht spazieren,
Esel können nicht addieren.

Der Lach-Hansel kann gar nicht quieksen
und reine Seide auch nicht pieksen.
Mäuse können nicht miauen,
Bandwürmer nicht Häuser bauen.
Und der Hund, der bloß 'rumsteht,
bellt noch nicht mal ein Gebet!

Möpse können nicht pianieren,
Dackel auch nicht subtrahieren,
Fisch und Maus nicht kohibieren,
Schaben auch nicht adjustieren.
Uhus können nicht tirilieren,
Kröten auch nicht dirigieren.

Läuse können nicht frisieren,
Flöhe können nicht toupieren;
Vögel jedoch bestens vögeln.
Doch nur ich kann sehr schön blödeln.

Nonsense - Nein…
Erkenn' den Sinn.
Simsalabim…
Da liegt doch alles drin!

NUR DER MENSCH KANN ALLES.

Wort-Klauberei

Hopp-Sala…der Wörtersack
ist schon leer geworden -
tanzt mit seinen Wörtern 'rum,
freut sich schon auf morgen.

Dann können wieder Wörter 'raus,
ganz egal auch - welche -
Kunterbunt - wie Tattersall,
Schnabel-Ente, Elche.

Bestimmte Wörter bleiben drin,
woll'n noch nicht nach draußen -
Erst mal „Wörter-Kinder" kriegen…
dann bleibt's ein großer Haufen.

Wörter sind nicht gern allein -
sie lieben schöne Sätze.
Wollen dicht zusammen sein -
Das ist für sie das Beste!
Dann können sie ausgelassen sein
und feiern „Nonsense"-Feste.

Da guckst Du blöd - Du hast gedacht,
Wörter sind „hoch und hehr".
Siehst Du - da hast Du Dich geirrt -
Willst Du nun keine mehr?

Das, was man schreibt, ist mir zu fad' -
I c h lasse Wörter „ranken"
und habe auch an Nonsense Spaß
und seltsamen Gedanken.

Drum nehme aus dem Wörter-Sack
nicht nur die schönen - guten.
Vergiss die hässlich - bösen nicht,
die man auch täglich spricht.

Dann wird die Reim-Kunst wonniglich.
Man kann auch drüber lachen -
Und braucht nicht mehr - auf Hieb und Stich -
nur feine Verse machen.

Irren ist menschlich

Irren - das ist ein Zauberwort -
Putzt alle anderen Wörter fort.
Bringt damit die Leut' zum Lachen -
kannst auch noch andere Sachen machen.

Wer sich irrt – gesteht's, gern ein -
„Irren" darf ja menschlich sein.
Nur wer irrt - kann anderes denken -
nachdenklich den Dummkopf senken.

Finger an die Stirne legen,
Birne hin und her bewegen
und dann plötzlich - mit Vergnügen -
einen neuen Einfall kriegen.

Und der „Irrwitz" ist zu Ende -
alle klatschen in die Hände.
Aber noch viel tollere Sachen
kannst Du mit dem Irren machen.

Reitest forsch Verbal-Attacken -
bringst mit Witzen Leut' zum Lachen.
Gibst falsches Wechselgeld heraus.
Bläst aus „Versehen" 'ne Kerze aus.

Beim Tanzen trittst Du auf den Fuß
der abweisenden Schönen.
Der Falschen gibst Du einen Kuss,
verneigst Dich demütig und sagst:
„Pardon - ich habe mich geirrt!"

Sie kommen alle „angeschwirrt"
und stimmen lachend ein:
„Wie gut, dass es das Sprichwort gibt:
Irren kann menschlich sein."

Ob Du nun „falsch" irrst oder „richtig"…
das liegt in Deiner Hand.
Beides ist praktikabel
und wird gern angewandt.

Ist Sport Mord?

Ich schau zurück ins vorige Jahrhundert -
denn da erblickte ich das Licht der Welt.
Und alle haben sich gewundert,
dass mir die Welt so gut gefällt.

Ich rannte, hüpfte, sprang und tanzte,
gab keine Ruh' bei Tag und Nacht.
Wollt alles hören, sehen, machen
und habe kindlich froh dabei gelacht.

Auch als ich älter wurde…
war ich auf Wanderschaft…
in England, Holland, Belgien,
in Frankreich, Schweiz und USA…
das hat mir viel gebracht.

Ich liebte Sport in allen Disziplinen.
Das Stadion war mein Himmelreich -
erfreute mich mit vielen Siegen -
da waren alle Menschen gleich.
Wenn ich das alles wieder lese -
kann ich es glauben kaum.
Der Überschuss an Körperkräften
erscheint mir wie ein Traum.

Ich frage mich, wo sind sie denn geblieben
die Kräfte der Vergangenheit?
Hat sie die Arbeitswelt vertrieben?
Oder sind wir dazu nicht mehr bereit?

Jetzt, wo die Beine nicht mehr springen,
hat mich POETA fest in ihrer Hand.
Ich bleib erwartungsvoll an meinem Schreibtisch sitzen,
und hurtig kommt sie angerannt.

Schüttet die Wundertüte
mit vielen Worten aus…
Ich greife rasch zur Feder
und schreib sie auf.

Jetzt springen die Gedanken
in meinem Kopf herum!
Sie hüpfen und sie tanzen
und bleiben nicht mehr stumm.

Ein jeder soll es lesen,
wie schön das Leben war -
man muss sich nur erinnern,
dann wird es wirklich wahr.

Denn u n s e r e Alters-Spezies
die ist jetzt ausgebrannt…
Und eine neue andere Spezies
hat unsere Welt in ihrer Hand.

Kapitel 7

Die befreiende Dichtkunst

Rem Tene - Verba Sequentur

Wenn Du die „Sache" fest behältst
im Kopf und im Empfinden,
dann finden sich die Worte ein,
sich sinnvoll zu verbinden.

Im Kopf des Dichters formen sich
der Rhythmus und die Verse
ganz selbständig und wunderlich
aus unserem Vorfahr'n Erbe.

Der Druck ist groß, zu schreiben auf
die schönen Worte-Bündel;
sie sammeln sich im Kopf zu Hauf
und wollen sich verkünden.

Des Dichters Dichtkunst macht sie frei
für sich und alle anderen -
Doch schon die nächsten sind dabei,
durch seinen Kopf zu wandern.

Des Dichters Klagelied

Der Dichter ist ein armer Tropf,
verbal gequälter Mann.
Die Verse tropfen aus dem Kopf -
Er sich nicht wehren kann.

Und selbst beim Essen-Trinken dann
reimt sich das Mittagsmahl -
Es fängt schon bei der Suppe an
bis Nachtisch - eine Qual.

Wie war das Leben ehedem
ohne verbalen Durchfall schön!
Man dachte schlicht, sprach kurz und knapp
und lehnte höheren Unsinn ab.

Das Durchfall-Wort ist progressiv,
macht vor dem Klo nicht halt!
Selbst dort fängt er zu dichten an -
Es wird ihm nicht mal kalt.

Man braucht' am Kopf nur einen Knopf,
auf den man drücken kann:
Das Licht geht aus, die Wörter weg...
die Reime sind nicht dran.

Wenn alles dieses ihm nicht hilft,
dem schwer geprüften Mann,
der eigentlich ein Dichter ist -
was fangen wir dann an?

Dann muss die Zeichensprache her
mit Gesten vielerlei.
Der Kopf ist leer, die Wörter weg...
Jetzt ist er endlich frei!

Und die Moral von der Geschicht:
Vergiss die Zeichensprache nicht!

Himmlische Empfängnis

Mein Mann hat mir ein Kind gemacht
vom Himmel runter her
und hat dazu ganz laut gelacht,
es fiel ihm gar nicht schwer.

Er liebte das Besondere
auf Erden schon ganz still -
Seitdem er nun im Himmel ist,
da macht er, was er will.

Und unser Kind ist unsichtbar,
es schreit nicht einmal laut.
Es spricht im Geiste unentwegt -
bleibt unter Mutters Haut.

Und dieses Kind entwickelt sich
in kurzer Zeit enorm!
Kann traurig sein und lustig sein,
hat schon poetisch Form.

Mir fällt fürs Kind kein Name ein,
der wirklich zu ihm passt.
Drum lass ich's lieber bleiben sein
und leb' mit geist'ger Last.

Mit e i n e m Kind ist's nun genug,
mein lieber toter Mann.
Mit Hirn und Händen schaff ich's noch,
dass es versorgt sein kann.

Kopfschüttelnd sitz' ich hier am Tisch
und schau mich staunend an.
Wie einfach doch Empfängnis ist,
auch ohne Ehemann.

Du himmlisch Kind - ich liebe Dich.
E r hat Dich mir gebracht,
als noch der Himmel dunkel war…
Nun leuchtet Sternenpracht.

Und die Moral von der Geschicht':
Vergiss die Kindernamen nicht!
Das Kind, es heißt Poeta!

Poeta

Ich sitze hier und schreibe.
Die Feder hurtig schwingt.
In meinem Kopf ist aber Leere.
Ihr eig'nes Lied Poeta singt.

Poeta führt die Feder.
Ich hab' sie mitgebracht
aus meinem stillen Trauerland,
wo kein Gesang erklang.

Sie ist ein Geistes-Kindelein,
das in mir selbst entstand
und als Begleitung mit mir ging
fort aus dem Trauerland.

Poeta groß geworden ist,
noch unverbraucht und stolz.
Sie bringt mir täglich ein Gedicht -
ist aus Poeten-Holz!

Die alten Götter sitzen hoch
auf ihren Wolken-Kissen.
Und schauen mir neugierig zu,
wie mich die Musen küssen.

Menschliches Leben göttlich ist -
man muss es nur verstehen
und kann dem Alltagstrott entfliehen
in geistig lichte Höhen.

Und die Moral von der Geschicht':
Denk drüber nach,
wes Geistes Kind
Du eigentlich bist!

Die Dichteritis

Die Dichteritis ist nicht rar,
sie trifft so manche Leute.
Selbst wenn man gründlich reinlich war,
man kriegt sie auch noch heute.

Die Dichteritis steckt gern an
den einen oder anderen.
Der sich dann nicht mehr wehren kann -
höchstens noch auszuwandern.

Wenn nicht - dann sitzt er nächtelang
allein und wartet brav,
ob er verbalen Durchfall hat
und kommt um seinen Schlaf.

Die Dichteritis kostet ihn
nicht nur den Schlaf allein,
braucht Berge von Papier und Stift
Radiergummis und Wein.

Es juckt in seinen Fingern stets,
was man den Schreibzwang nennt.
Die sich erst dann beruhigen,
wenn flott der Schreibstift rennt.

Da Dichteritis selten ist
und meist nicht sehr bekannt,
wird sie ausführlich mitgeteilt,
Symptome sind benannt.

Medikament, das wirklich hilft,
das ist allein der Wein.
Der Schreibstift fällt ihm aus der Hand…
Er schläft genüsslich ein.